인간 불평등 기원론

장 자크 루소

인간 불평등 기원론

김중현 옮김

펭귄 클래식 코리아

인간 불평등 기원론

초판 1쇄 발행 2015년 3월 25일
초판 12쇄 발행 2023년 4월 17일

지은이 | 장자크 루소 옮긴이 | 김중현
발행인 | 이재진 단행본사업본부장 | 신동해
편집장 | 김경림 마케팅 | 최혜진 최지은
홍보 | 반여진 허지호 정지연 제작 | 정석훈 국제업무 | 김은정 김지민

브랜드 펭귄클래식 코리아
주소 경기도 파주시 회동길 20 웅진씽크빅 단행본사업본부
문의전화 031-956-7350(편집) 031-956-7127(마케팅)
홈페이지 www.wjbooks.co.kr
인스타그램 www.instagram.com/woongjin_readers
페이스북 https://www.facebook.com/woongjinreaders
블로그 blog.naver.com/wj_booking

발행처 (주)웅진씽크빅
출판신고 1980년 3월 29일 제406-2007-000046호

펭귄클래식 코리아는 유리장 에이전시를 통해 펭귄북스와 제휴한
(주)웅진씽크빅 단행본사업본부의 브랜드입니다. 펭귄 및 관련 로고는
펭귄북스의 등록 상표입니다. 허가를 받아야만 사용할 수 있습니다.
Penguin Classics Korea is the Joint Venture with Penguin Books Ltd.
arranged through Yu Ri Jang Literary Agency. Penguin and the associated logo
are registered and/or unregistered trade marks of Penguin Books Limited.
Used with permission.

이 책은 저작권법에 따라 보호받는 저작물이므로 무단 전재와 무단 복제를 금지하며,
이 책 내용의 전부 또는 일부를 이용하려면 반드시 저작권자와 (주)웅진씽크빅의
서면 동의를 받아야 합니다.

한국어판 ⓒ 웅진씽크빅, 2015

ISBN 978-89-01-18170-7 04800
ISBN 978-89-01-18168-4 (세트)

• 잘못된 책은 구입하신 곳에서 바꾸어 드립니다.
• 책값은 뒤표지에 있습니다.

차례

인간 불평등 기원론 · 7

작품해설 _ 근대 사회과학의 시작, 루소의 『인간 불평등 기원론』 · 119
루소의 주석 · 134
옮긴이 주 · 179

▶ 일러두기

1) 본문의 (1*)(2*)… 표시는 루소가 붙인 주석입니다.
2) 본문의 1) 2)… 표시는 모두 옮긴이의 주입니다.
3) 원문에서 이탤릭체인 부분은 고딕체로 표기했습니다.
4) 이 책의 번역 텍스트는 Jean-Jacques Rousseau, Oeuvres complètes III, Gallimard(Pléiade), 1964년 판의 Discours sur l'origine, et les fondements de l'inégalité parmi les hommes입니다.

인간 불평등 기원론

제네바 시민 장 자크 루소

자연적인 것은 타락한 사람들에게서가 아닌,
자연에 따라 행동하는 사람들에게서 찾을 일이다.
　　—아리스토텔레스, 『정치학』(I. 2.)

헌사

제네바 공화국에 바침

너그럽고 훌륭하신, 존경하는 국정회의[1] 위원님들께

자신의 조국에 바로 그 조국이 인정할 수 있는 경의를 표하는 일이야말로 훌륭한 시민의 의무임을 확신하는 제가 위원님들께 이렇게 공적으로 경의를 표할 만한 자가 되기 위해 노력해 온 지 어언 삼십 년[2]이 됩니다. 그동안의 노력에도 불구하고 제가 다하지 못한 것에 대해 이 좋은 기회가 부분적으로 보충해 줄 것이므로, 여기에서는 제게 마땅히 주어져야 할 권리에 따르는 것보다는 저를 부추기는 열의에 따르는 것도 괜찮지 않을까 생각했습니다. 위원님들의 공화국에 태어난 행운을 얻은 제가 자연이 인간들 사이에 부여한 평등과 인간이 그들 사이에 생겨나게 한 불평등에 관해 고찰하면서, 이 공화국에 그 둘(평등과 불평등)이 적절히 결합[3]되어 자연법에 가장 근접하고 사회에 가장 유리하게 공공질서 유지와 각 개인의 행복에 기여토록 하고 있는 그 지혜를 어찌 생각하지 않을 수 있겠습니까? 한 정체(政體)에 대해 상식적으로 용납될 수 있는 최상의 원칙들을 탐구하면서 저는 그 원칙들이 모두 위원님들의 나라에서 실천되고 있는 것을 발견하고 너무 깊은 감명을 받은 나머지 설령 제가 이 나라에서 태어나지 않았다 할지라도 인간 사회에 대한 이 그림을, 세상의 모든 국민들 중 인간 사회에 대한 가장 훌륭한 장점들을 갖고 있으며, 또한 사회의 악습을 가장 성공적으로 예방했다고 생각되는 국민에 대한 그림이라고 생각하지 않을 수 없었을 것입니다.

만일 제가 스스로 저의 출생지를 선택해야 했다면 그 크기가 인간의 능력이 미치는, 다시 말해 잘 다스려질 수 있는 규모의 사회를 택했을 것입니다. 그 사회에서는 각자 자신의 일을 감당할 수 있기에 아무도 자신의 임무를 남에게 맡기지 않아도 될 것입니다. 그런 국가에서는 또 각 개인이 서로를 잘 알기에 악덕의 음흉한 술책도 미덕의 겸허함도 공중의 이목과 판단을 피하지 못할 것이며, 서로 만나면서 잘 알고 지내는 그 기분 좋은 교제는 자신의 소유지에 대한 열의보다는 동료 시민들에 대한 사랑이야말로 조국에 대한 참된 사랑이 되게 만들었을 것입니다.[4]

저는 국가기구의 모든 활동이 항상 공동의 행복을 추구하도록 주권자와 국민이 똑같이 하나의 이해관계만을 가질 수 있는 나라에서 태어나기를 바랐을 것입니다. 그렇지만 국민과 주권자가 동일한 인격이 아닌 이상 그런 일은 있을 수 없기에 저는 분별 있게 절제된 민주정체에서 태어나기를 바랐을 것입니다.

저는 이를테면 저를 비롯하여 아무도 그 명예로운 굴레에서 벗어날 수 없는 바로 그 법에 복종하면서 자유롭게 살다가 죽기를 바랐을 것입니다. 그 굴레는 이롭고 기분 좋은 것이어서, 도무지 다른 굴레는 참아내지 못하는 아주 자존심 강한 사람들조차도 순종적으로 참아냅니다.

그러므로 저는 국가 안의 누구도 자신이 법 위에 있다고 말할 수 없기를 바랐을 것이며, 마찬가지로 국가 밖의 누군가가 법을 강요하여 국가가 그것을 인정하게 만드는 것도 바라지 않았을 것입니다. 정체가 어떤 것이든 만일 법에 따르지 않는 사람이 단 한 명만 있어도 나머지 모두는 필연적으로 그 사람의 지배를 받지 않을 수 없기 때문입니다.(1*) 그리고 또, 한 명의 국내 통치자 외에 또 한 명의 국외 통치자[5]가 있을 경우 그들이 권력을 어떻게 분배하든 백성들은 그들 누구에게도 제대로 복종하지 않을 것이기에 국가를 잘 다스리기는 불가능할 것입니다.

저는 새로 수립된 공화국의 법이 아무리 훌륭하다 할지라도 그 나라에 살고 싶지 않았을 것입니다. 왜냐하면 그 정체는 새로운 시민들에게 적합하지 않거나 반대로 시민들이 그 새로운 정체에 적합하지 않은, 어쩌면 현재 필요로 하는 정체와는 다른 정체여서 국가가 태어나기 무섭게 자칫 흔들려 무너져 버리기 쉽지 않을까 두렵기 때문입니다. 맛 좋고 영양가 많은 음식과 포도주는 그것들에 익숙한 튼튼한 체질을 더욱 튼튼하게 하는 데는 알맞지만, 그것들에 전혀 맞지 않는 허약하고 술에 약한 체질에는 견딜 수 없게 하여 되레 건강을 해치고 취하게 하듯이 자유도 마찬가지입니다. 국민들은 한번 지배자에게 익숙해지면 이제 지배자 없이는 지낼 수 없습니다. 설령 그들이 그 굴레로부터의 해방을 기도할지라도 자유에 상충되는 제멋대로의 방종을 자유로 착각하여 그들의 혁명은 거의 항상 그들의 굴레를 더욱 옥죌 뿐인 사기꾼들에게 자신들을 넘겨주는 만큼 자유로부터 더욱더 멀어질 뿐입니다. 자유로운 국민의 모범이 되는 로마 국민은 타르퀴니우스(Tarquinius) 왕가[6]의 압제를 벗어나자 스스로 자신들을 다스릴 수가 없었습니다. 그들은 그 왕가에 의해 강요당한 예속과 굴욕적인 고역에 의해 비천해진 우둔한 대중[7]일 뿐이어서 처음에는 극도로 신중하게 대하고 다스릴 필요가 있었습니다. 폭정 아래서 기력이 다 빠진, 아니 좀 더 정확히 말해 바보가 된 그 영혼들이 유익한 자유의 공기를 호흡하는 데 조금씩 익숙해짐으로써 마침내 세상에서 가장 존경할 만한 국민이 되게 한 그 엄격한 사회도덕과 자랑스러운 용기를 서서히 가져다주기 위해서는 말입니다. 그러므로 저는 말하자면 그 역사가 아득한 옛날로 거슬러 올라갈 정도로 길며 국민들에게는 용기와 조국에 대한 사랑을 보이고 길러주기에 적합할 정도로만 적으로부터 공격을 받은, 그리고 오래전부터 시민들이 절도 있는 자유에 익숙해져서 자유를 향유할 뿐만 아니라 자유를 향유할 만한 자격이 있는 그런 행복하고 평화로운 공화국을 저의 조국으로 찾았을 것입니다.

저는, 다행스럽게도 무력해서 강렬한 정복욕이 없으며 더욱더 다행스럽게도 지리적 위치상 타국에 정복당할 두려움도 없는 조국을, 여러 공화국 사이에 끼어 있으면서도 침략이 서로에게 이롭지 못하여 서로를 견제케 함으로써 침략을 피하는 자유도시를, 요컨대 이웃 공화국들의 야심을 자극하지 않으면서 필요한 경우에는 그들의 도움을 적절히 받을 수 있는 그런 공화국을 선택하기를 원했을 것입니다. 따라서 그처럼 다행스러운 지리에 위치한 그 조국은 두려운 것이라고는 자기 자신밖에 없을 것이기에 혹시 시민들이 무기를 들고 훈련을 했다면 그것은 그들 자신의 방어에 대비할 필요성에서보다는 그들에게 군인다운 열정과, 자유에 아주 잘 어울리며 자유에 대한 취향을 함양시키는 자랑스러운 용기를 간직하도록 하기 위한 것이었을 것입니다.

저는 모든 시민이 입법권을 공유하는 나라를 찾았을 것입니다. 왜냐하면 같은 사회 속에서 함께 살 때 어떤 조건에서 사는 것이 자신들에게 유익한지 아무도 자신들보다 더 잘 알지 못하기 때문입니다. 하지만 저는 국가의 통치자들이나 국가의 자기 보존에 가장 깊이 관련된 사람들이 국가 안녕이 달린 표결에서 자주 제외되었으며, 터무니없는 모순이지만 평민들도 가지고 있는 권리들이 행정관들에게는 없는 로마인들의 그 평민 투표 같은 표결 방식은 찬성하지 않았을 것입니다.

반대로 저는 결국 아테네인들을 멸망시킨 그런 이기적이며 잘못 고안된 계획들 그리고 위험한 개혁들을 중지시키기 위해, 누구에게나 제멋대로 새로운 법안을 제출하는 권한이 주어지는 것을 원치 않았을 것입니다. 그 권한은 행정관들만 가져야 하는데 그들조차도 아주 신중하게 그 권한을 사용해야 하며, 국민들 또한 그 법에 대한 동의에 아주 신중을 기해야 합니다. 법의 공포(公布)는 아주 엄정히 행해지지 않으면 안 됩니다. 법을 신성하고 존엄한 것이 되게 하는 것은 무엇보다 그 법의 아주 오랜 역사이기에, 법이 매일 바뀌는 것을 보면 국민은 곧 그 법을 무시하며, 개선이라는 이름을 빌려 옛 관행을 무시하는 데 익숙해지면 극히 작은 악을 바로잡으려다 되레 더 큰 악을 부른다는 사실을 깨달을 여유를 갖지 않는 한 정체는 흔들릴 것입니다.

저는 무엇보다 국민이 자신들의 행정관들 없이 스스로 해나갈 수 있다거나 그들에게 임시 권력만 허락해도 된다고 생각하면서 어리석게도 공무 행정과 그들 자신들의 법 집행권을 자신들이 쥐고 있는 공화국은 틀림없이 제대로 다스려지지 않을 것이므로 그 공화국을 떠났을 것입니다. 자연 상태에서 갓 벗어난 최초 정체들의 조잡한 구성은 틀림없이 그런 식이었을 것이며, 아테네 공화국을 망하게 한 결점들 중의 하나도 또한 그런 것이었습니다.

그에 반해 저는 이런 공화국을 택했을 것입니다. 즉, 개인들은 법을 비준하고 통치자들의 보고에 기초하여 아주 중요한 국사를 그들 모두가 함께 결정하는 것에 그치고, 존경받는 법정을 세운 뒤 주의를 기울여 여러 관할로 나누고, 재판을 하고 국가를 다스리기 위해 동료 시민들 가운데 가장 능력이 있고 공정한 사람들을 매년 선출하며, 행정관들의 덕망이 그처럼 국민의 지혜로움을 입증해 보임으로써 국민과 행정관들이 서로 존경하는 그런 공화국을 말입니다. 그리하여 비록 언젠가 치명적인 불화가 국민적 화합을 방해하기에 이를지라도 그 무분별과 과오의 시대조차 절도와 상호 존중과 일반의 법 준수의 증거들이 눈에 띌 것입니다. 그리하여 그 증거들은 영구적이고 진실한 화해의 전조이자 보증이 될 것입니다.

너그럽고 훌륭하신, 존경하는 국정회의 위원님들, 이상의 것들이 바로 제가 선택했을 조국이 지녔을 장점들입니다. 게다가 신께서 만일 이 장점들에 매력적인 환경과 온화한 기후, 기름진 땅, 그리고 하늘 아래에서 가장 아름다운 경치를 더해 주셨다면 저는 저의 행운을 마음껏 누리기 위해 행복을 낳는 조국의 품속에서 그 온갖 혜택을 향유하는 것 외에 더 이상 아무것도 원하는 것이 없었을 것입니다. 동료 시민들과 다정한 교제를 즐기며 평화롭게 살면서 그들이 제게 그러는 것처럼 그들에 대해 저 또한 인정과 우정과 온갖 선행을 행할 것이며, 죽고 난 뒤 덕이 있고 성실하며 훌륭한 애국자였다는 명예로운 평판을 남길 것입니다.

그다지 행복하지 못하거나 아니면 너무 늦게 철이 들어, 제가 다른 나라에서 젊음을 경솔하게 보냄으로써 빼앗긴 마음의 안정과 평화를 애석해하지만 아무 보람도 없이 결국 병약하고 초훼한 생애를 마감했을지라도 적어도 저는 저의 나라에서 표현할 수 없었던 그런 감정들을 마음속에 품고 살았을 것입니다. 그리고 멀리 떨어져 있는 저의 동료 시민들에 대해 다정하고 사심 없는 애정에 잠겨 마음 깊숙한 곳으로부터 대략 이런 말을 그들에게 해주었을 것입니다.

"친애하는 시민들이여, 아니 법과 피라는 끈이 우리 모두를 맺어주기에 좀 더 정확히 말해 형제들이여, 당신들을 생각할 때마다 저는 당신들이 누리고 있는 그 모든 혜택을 생각하지 않을 수 없으니 기쁩니다. 아마 여러분들 가운데 그 혜택을 잃은 저보다 그 가치를 더 잘 느끼는 사람은 아무도 없을 것입니다. 당신들의 정치적 · 시민적 상황에 대해 숙고하면 할수록 저는 인간사의 본질이 그보다 더 나은 상태를 허용할 수 있으리라는 상상은 하지 못합니다. 여타의 모든 정부에서 국가의 최대 이익을 보장하는 것이 문제가 될 때, 언제나 관념상의 계획이나 아니면 기껏해야 단순한 가능성에 그치는 것이 고작입니다. 이미 행복이 당신들 앞에 있으니 당신들은 향유하기만 하면 됩니다. 그러므로 완전히 행복해지기 위해 당신들에게 필요한 것은 행복한 것에 만족할 줄 아는 일밖에 없습니다. 온갖 노력 끝에 획득한, 또는 되찾은 당신들의 주권은 용기와 지혜를 다 발휘하여 두 세기 동안 지켜져 와 마침내 전적이자 보편적으로 인정되어 있습니다. 명예로운 조약들이 당신들 나라의 국경을 정하거나 당신들의 권리를 보장하거나 당신들의 안전을 강화해 주었습니다. 가장 숭고한 이성에 의해 규정되고, 존경할 만한 우방 강대국들에 의해 보장된 당신들의 헌법은 훌륭합니다. 당신들의 국가는 평화롭습니다. 당신들에게는 두려워해야 할 전쟁도 침략자도 없습니다. 당신들이 만들고, 당신들이 뽑은 청렴한 행정관들에 의해 시행되는 분별 있는 법 이외의 다른 지배자는 없습니다. 당신들은 나태로 인해 무기력해지고 덧없는 환락에 빠져 진정한 행복과 건실한 미덕에 대한 취향을 잃을 만큼 부유하지도 않으며, 당신들이 일을 하여 얻는 것이 모자라 외국으로부터 도움을 필요로 할 만큼 가난하지도 않습니다. 그리고 대국에서는 그 소중한 자유가 과도한 세금에 의해서만 유지될 뿐인데 당신들의 나라에서는 그 자유를 보존하는 데 거의 돈이 들지 않습니다.

시민의 행복을 위해, 그리고 여러 나라 국민의 본이 되도록 아주 분별 있고 안정된 공화국으로 영원히 지속될 수 있기를! 그것이야말로 당신들이 유일하게 빌어야 할 소원이며, 신경을 써야 할 일입니다. 당신들을 행복하게 만드는 것은 당신들의 일이 아닙니다. 당신들의 조상이 당신들이 그런 수고를 할 필요가 없게 만들어놓았으니까요. 이제부터 당신들은 그저 지혜롭게 그 행복을 잘 이용하면서 지속시키기만 하면 됩니다. 변함없는 단결과 법의 준수, 법의 집행자들에 대한 당신들의 존경심에 당신들의 생존과 안전은 달려 있습니다. 당신들 사이에 조금이라도 앙심이나 불신의 씨앗이 남아 있다면 서둘러 제거하세요. 조만간 당신들에게 불행을 가져오고 국가를 파멸로 몰고 갈 치명적인 누룩곰팡이와 같기 때문입니다. 저는 당신들 모두가 마음 깊은 곳을 들여다보아 은밀한 양심의 목소리에 귀 기울이기를 간청합니다. 당신들 중에 이 세상에 당신들의 행정관들보다 더 청렴하고 식견을 갖추었으며, 그리고 또 존경할 만한 사람들 집단을 알고 있는 사람이 있습니까? 그분들은 하나같이 절도와 정직한 품성과 법 준수와 진심에서 우러나오는 화해의 귀감이 되고 있지 않습니까? 그러니 이성이 미덕에 빚지고 있는 그 유익한 신뢰를 그토록 현명한 지도자들에게 전폭적으로 보내주세요. 그분들은 당신들이 선출한 분들이라는 사실을, 당신들의 선출의 타당성을 그분들이 입증해 보이고 있다는 사실을, 또한 당신들 자신이 고위직을 수여한 그분들에게 표시해야 하는 경의는 반드시 당신들 자신에게로 되돌아온다는 사실을 잊지 마십시오. 당신들 중에는 법의 시행과 법의 수호자들의 권한이 상실되는 곳에서는 안전이나 자유가 보장될 수 없다는 점을 모를 만큼 양식이 없는 사람은 없을 것입니다. 실제의 이익이나 의무에 의해서든, 아니면 이성 때문이든 어쨌든 하지 않을 수 없는 일을 기꺼이 그리고 당연한 신뢰를 갖고 행하는 것 외에 도대체 당신들 사이에 중요한 일이 무엇이 있습니까? 필요한 경우, 정체의 유지에 죄를 짓는 일이자 치명적인 무관심이 당신들 가운데 가장 식견을 갖추고 있으며 헌신적인 사람들의 슬기로운 의견을 무시하지 못하도록 하십시오. 그렇지만 공평과 절도와 아주 정중한 단호함이 변함없이 당신의 모든 행동 방식을 지배하게 하고, 이 세상 만방에 자신들의 명예와 자유를 소중히 여기는 용감하고 겸손한 국민의 본보기가 되어주십시오. 저의 마지막 조언은, 흔히 결과로 나타나는 행동보다 그 뒤에 감추어진 동기가 더 위험한 그런 음흉한 해석과 악감을 품은 말에 절대로 귀 기울이지 말라는 것입니다. 도둑이 다가올 때에만 짖어대는 충성스러운 좋은 개가 짖으면, 곧 그 집 전체는 잠에서 깨어 경각심을 갖습니다. 하지만 공중의 평온을 끊임없이 깨는, 계제에 맞지 않게 줄곧 경각심을 갖게 하여 정작 필요할 때에는 귀 기울이지 않게 하는 그런 동물들의 짖음은 성가실 뿐입니다."

너그럽고 훌륭하신, 존경하는 국정회의 위원님들, 자유로운 국민의 존경받을 만한 훌륭한 행정관님들, 제가 드리는 각별한 경의와 감사를 받아주십시오. 만일 세상에 그 지위를 가진 사람들을 빛나게 하기에 적절한 어떤 한 지위가 있다면 그것은 아마도 재능과 덕망이 부여하는 지위일 텐데, 당신들이 부여받을 만한 자격이 있기에 당신들의 동료 시민들이 부여한 바로 그 지위가 그렇습니다. 그들의 덕망은 당신들의 덕망에 새로운 광채를 더해 줍니다. 다른 사람들을 다스릴 능력이 있는 사람들이 자신들을 다스려달라고 선택한 당신들이 다른 행정관들보다 더 훌륭하다고 저는 생각합니다. 자유로운 국민, 무엇보다 영광스럽게도 당신들이 이끄는 자유로운 국민은 지혜와 이성에 있어 다른 나라 국민들보다 더 우수하기 때문입니다.

실례를 무릅쓰고 한 예를 들어보겠습니다. 그에 대한 더 나은 기록들이 남아 있을 테지만, 어쨌든 이 예는 저의 마음에 영원히 남을 것입니다. 저는 저를 낳아준, 어린 시절 자주 당신들이 당연히 받을 존경에 관해 말해 준 훌륭한 시민[8]에 대한 기억을 떠올릴 때마다 가장 감미로운 감동을 받습니다. 저는 자신의 두 손으로 일하여 생활비를 벌며, 아주 숭고한 진리들로 영혼을 살찌운 그분을 아직도 생생하게 기억합니다. 저는 그분 앞에 그분의 작업 도구들과 뒤섞여 놓여 있던 타키투스, 플루타르코스, 호로티위스의 책들을 기억합니다. 저는, 성과는 너무 미약했지만 세상에서 가장 훌륭한 아버지로부터 애정 어린 가르침을 받는 사랑스러운 한 아들을 기억합니다. 비록 청년 시절의 경솔한 일탈이 그토록 현명한 가르침을 한동안 망각하게 만들었지만, 마침내 다행히도 저는 인간에게 아무리 악에 대한 성향이 있다 할지라도 애정이 담긴 교육은 실패하지는 않는다는 것을 항상 경험했습니다.

너그럽고 훌륭하신, 존경하는 국정회의 위원님들, 당신들이

다스리는 국가에서 태어난 시민들은 물론이려니와 보잘것없는 주민들[9]까지도 이렇습니다. 즉, 다른 나라들에서는 직공이나 하층계급 하면 너무도 저속하고 그릇된 관념을 갖게 하는데 이곳에서는 그들까지도 배워서 분별이 있습니다. 기꺼이 고백하지만, 저의 아버지는 자신의 동료 시민들 사이에서 전혀 뛰어나지 못했습니다. 그분은 다른 사람들과 조금도 다를 바가 없었습니다. 그렇지만 있는 그대로의 모습으로 어느 고장을 가나 아주 성실한 사람들이 다가와 교제하기를 원했을 것입니다. 그 교제는 돈독히 유지되었으며 좋은 결실을 거두기도 했을 것입니다. 저의 아버지와 같은 사람들, 교육이나 출신상의 권리 및 자연의 권리에 의해 당신들과 대등한 사람들, 자신의 의지나 선택에 의해서 당신들의 재능을 인정하고 그 재능의 덕을 보지만 당신들도 그에 대해 일종의 고마움을 표해야 하는, 당신들보다 낮은 지위의 사람들이 당신들에게서 기대할 수 있는 경의에 대해 말하는 것은 저의 몫이 아닙니다. 아니, 다행히도 말할 필요가 없습니다. 당신들이 얼마나 부드럽고 친절하게 법의 집행자로서의 근엄함을 그들 앞에서 누그러뜨리고 있는지, 당신들에 대해 그들에게 의무 지어진 복종과 존경에 대해 얼마나 경의와 친절로 그들에게 보답하고 있는지를 알고 저는 너무도 만족스럽습니다. 그것은 다시 떠올리지 않기 위해 잊어야 하는 불행한 사건들에 대한 기억을 점점 더 물리치는 데 적절한 정의와 지혜로 가득한 행위입니다. 또 공정하고 인간적인 이 국민이 자신들의 의무에 대해 즐겁게 생각하는 만큼, 그들이 자연스럽게 당신들을 존경하기를 좋아하는 만큼, 그들의 권리를 주장하는 데 아주 열정적이지만 당신들의 권리를 존중하는 데도 모자람이 없는 만큼 그것은 더욱더 현명한 행위인 것입니다.

시민사회의 지도자들이 그 사회의 영화와 행복을 바라는 것에 대해 놀라워할 필요는 없습니다. 그렇지만 자신들을 보다 신성하고 숭고한 조국의 행정관[10]으로 생각하는, 좀 더 정확히 말해 지배자로 생각하는 사람들이 자기들을 길러주는 지상의 조국에 대해 어떤 사랑을 표시하는 것은, 사람들의 마음의 평화라는 관점에서 보면 너무도 놀라운 일입니다. 우리에게 유리하게도 그토록 보기 드문 예외 하나를 만들 수 있는 것과, 법에 의해 허락된 신성한 교리의 그 열성적인 수탁자들, 이를테면 그 존경할 만한 영혼의 목자들(그분들의 힘차고 부드러운 웅변술은 항상 스스로부터 실천하는 것으로 시작하는 만큼 사람들의 마음속에 복음서의 원리들을 새겨 넣는 데 더욱더 효과적입니다.)을 우리의 가장 훌륭한 시민 대열에 위치시킬 수 있는 것이 저로서는 얼마나 즐거운 일인지 모릅니다! 제네바에서 훌륭한 설교 기술이 얼마나 성공적으로 계발되었는지는 모두가 다 압니다.[11] 하지만 말은 이렇게 하고 행동은 저렇게 하는 것을 보는 데 너무 익숙해진 제네바 사람들도 우리의 성직자 집단에 기독교 정신과 풍속의 고결함, 자기 자신에 대한 엄격함, 그리고 타인에 대한 상냥함이 얼마나 널리 배어 있는지를 아는 사람은 별로 없습니다. 아마도 신학자 단체와 문인 단체 사이에 그토록 완벽한 단결을 이룩하고 있는 예를 보여 주는 곳은 제네바 도시밖에는 없을 것입니다.[12] 제가 갖는 그 도시의 지속적인 평화에 대한 확신은 잘 알려진 그분들의 지혜와 절도, 그리고 국가의 번영에 대한 열정에 대부분 바탕을 두고 있습니다. 게다가 저는 소위 신의 권리, 다시 말해 그분들의 이익을 주장하기 위해 자신의 피가 언제나 존중될 것이라고 우쭐해하는 만큼 인간의 피를 흘리는 데는 그다지 인색해하지 않는 그 성스럽고 야만적인 사람들의 끔찍한 준칙들(그 예는 역사 속에서 여럿 볼 수 있습니다.)에 대해 얼마나 혐오하는지를 놀라움과 존경이 뒤섞인 기쁜 마음으로 언급하고자 합니다.

다른 절반을 행복하게 해주며, 그들의 친절과 지혜가 평화와 미풍양속을 유지시켜 주는 공화국의 그 소중한 절반인 여성들을 제가 어찌 망각할 수 있겠습니까? 상냥하고 정숙한 여성 시민들이여, 우리 남성들을 다스리는 일이 바로 당신들 여성의 운명일 것입니다. 결혼 생활에서만 행사되는 당신들의 정숙한 힘이 오로지 국가의 영광과 국민의 행복을 위해서만 쓰이게 할 때 우리는 행복할 것입니다! 스파르타에서 여성들이 그렇게 명령을 내렸듯이 제네바에서는 당신들이 명령을 내릴 자격이 있습니다. 어떤 야만적인 남자가 사랑스러운 아내의 입에서 나오는 명예와 이성의 목소리에 저항할 수 있겠습니까? 당신들을 화사하게 보이게 함으로써 당신들의 아름다움을 더욱 북돋워 주는 소박하고 검소한 몸치장을 보면서 허영심 많은 사치에 대해 경멸하지 않을 사람이 누가 있겠습니까? 상냥하고 순결한 영향력과 좋은 말솜씨로 나라 안에서는 법에 대한 사랑을 그리고 시민들 사이에서는 화합을 지속적으로 유지하는 것과, 불화가 생긴 가문들을 행복한 결혼으로 화해시키는 것은 당신들의 몫입니다. 무엇보다 설득력 있는 부드러운 충고와 겸허하고 상냥한 대화로 우리 젊은이들이 나라 밖에서 배워 올 나쁜 버릇을 당신들이 교정해 주어야 합니다. 그들은 자신들에게 유익한 것을 많이 배워 오기는커녕 그르친 여인들에게서 유치한 말투와 우스꽝스러운 태도 그리고 뭔가 알 수 없는 소위 영예에 대한 찬미만 배워 돌아오는데, 그것은 예속 상태에 대한 시시한 대가일 뿐으로 숭고한 자유에는 절대로 비길 만하지 못합니다. 그러니 지금의 당신들처럼 변함없이 미풍양속의 정숙한 수호자이자 온화한 평화의 끈이 되어주십시오. 어떤 경우라도 의무와 미덕을 위해서 마음과 자연의 권리를 행사하는 것을 그치지 말아주십시오.

시민 공동의 행복과 공화국의 영광에 대한 저의 확신은 그런 보증들에 입각하고 있기에 뜻밖의 사건에 의해 저의 그 확신이 무너져 내리지는 않을 것이라 자신합니다. 이 공화국은 그런 온갖 유리한 조건들을 가지고 있다 할지라도 대부분의 사람들의 눈을 현혹시키는 그런 광채로는 빛나지 않으리라는 것을 저는 인정합니다. 그와 같은 광채에 대한 유치하고 아주 위험한 취향은 행복과 자유에 가장 치명적인 적입니다. 문란한 젊은이들에게는 다른 곳에 가서 값싼 쾌락을 추구하게 하십시오. 오래도록 그 행동을 후회할 것입니다. 자칭 취미가 고상한 사람들에게는 다른 곳에 가서 웅장한 궁중과 아름다운 마차와 멋진 가구와 화려한 공연과 온갖 세련된 유약함과 사치를 찬미하게 하십시오. 제네바에서는 인간들밖에 발견할 것이 없을 것입니다. 하지만 그 광경은 분명 큰 가치가 있습니다. 따라서 그 가치를 추구하는 사람들은 그 밖의 다른 어떤 것을 찬미하는 사람들보다 더 가치가 있을 것입니다.

너그럽고 훌륭하신, 존경하는 국정회의 위원님들, 위원님들 모두의 번영에 관해 갖는 저의 정중한 관심의 표시를 받아주시면 고맙겠습니다. 혹시 제가 이 강렬한 심정의 토로에서 분별없는 흥분으로 불행히도 어떤 잘못을 저질렀다면 진정한 한 애국자[13]의 온화한 애정과, 자기 자신에 대한 행복보다는 위원님들 모두가 행복해하는 것을 보는 행복을 더 생각하는 한 인간의 정당하고 뜨거운 열정에서 그런 것이니, 용서해 주시기를 간청합니다.

깊은 존경심과 함께
너그럽고 훌륭하신, 존경하는 국정회의 위원님들께

1754년 6월 12일 샹베리에서
동료 시민 장 자크 루소 올림

저자 서문

 인류의 모든 지식 중에서 가장 유익하면서도 발전이 가장 덜 된 것이 곧 인간에 관한 지식인 것 같다.(2*) 그래서 나는 감히 델포이 신전에 새겨진 말 한마디[14]에 모럴리스트들의 온갖 두꺼운 책보다 더 중요하며 더 이해하기 어려운 가르침이 들어 있다고 말하고자 한다. 따라서 나는 이 논문의 주제가 철학이 제기할 수 있는 가장 흥미로운 문제 중의 하나이지만, 불행하게도 철학자들이 해결하기에 가장 어려운 문제 중의 하나라고 생각한다. 왜냐하면 인간 그 자체를 아는 것으로부터 시작하지 않는 한, 인간들 사이의 불평등의 근원을 알 수 없기 때문이며, 인간은 세월과 사태의 연속이 그의 본원적 구조에 야기했음에 틀림없는 온갖 변화를 거치면서 자연이 만들어놓은 상태 그대로의 자신을 알지 못하게 되어, 자신의 본질에 속한 것과 상황이나 진보가 그들의 원시 상태에 가하거나 변화시킨 것을 분간하지 못할 것이기 때문이다. 세월과 바다와 폭풍우가 너무도 흉하게 변화시켜 버려서 신을 닮았다기보다는 맹수처럼 되어버린 글라우코스(Glau-cos)[15]상처럼, 사회 속에서 끊임없이 발생하는 수많은 원인들과 수많은 지식의 획득 및 오류의 반복에, 또한 몸

구조에 발생한 변화들과 정념에 의한 끊임없는 충격에 변화된 인간의 영혼은 이를테면 거의 알아볼 수 없을 정도로 모습이 변질되어 버렸다. 그리하여 그 영혼에서 발견하는 것은 일정불변의 원칙에 의해 항상 행동하는 존재도 아니고 창조주가 새겨놓은 그 위엄 있고 천사 같은 순박함도 아닌, 이치를 따지고 있다고 믿는 정념과 망상에 빠진 오성의 보기 흉한 대조뿐이다.

훨씬 더 끔찍한 것은 인류의 모든 진보가 그 영혼을 끊임없이 그것의 원시 상태로부터 멀어지게 함으로써 우리가 새로운 지식을 축적하면 할수록 모든 지식 중에서 가장 중요한 지식을 얻는 수단을 우리에게서 더 빼앗아 간다는 사실인데, 어떤 의미에서는 인간을 너무 연구한 나머지 오히려 인간을 이해할 수 없게 되어버렸다.

사람들을 서로 구별 짓는 차이점들의 최초 기원을 찾아야 하는 것은 연이은 인간 구조[16]의 변화에서라는 사실을 알기는 어렵지 않다. 모두가 동의하듯이 인간은 서로 평등하게 태어났다. 몇몇 종에서 알아차리듯이, 다양한 물리적 원인에 변종이 생겨나기 전 각종 동물이 그랬던 것처럼 말이다. 그렇지만 실제로는 그 초기의 변화들이—어떤 수단에 의해 발생되었든—동시에 똑같은 방식으로 종의 모든 개체를 변질시켰다고는 이해할 수 없다. 어떤 개체들은 본성에 내재한 것이 아닌 각양각색의 좋은 자질이나 나쁜 자질을 획득하여 개량이 되거나 아니면 나빠졌으며, 또 어떤 개체들은 더 오랫동안 그들의 본원적인 상태로 남아 있었다. 인간들 사이의 최초의 불평등의 기원도 그러했는데, 그렇기 때문에 그것을 일반적으로 증명하는 것이 그 실제 원인을 정확히 제시하기보다는 쉽다.

그러므로 내가 보기에도 이해하기 너무 어려운 것을 감히 내가 이해했다고 우쭐대고 있다고는 독자들이 생각하지 말아주었으면 한다. 나는 몇 가지 추론에 착수하기도 했으며 몇 가지 추측을 시도하기도 했는데, 그것은 문제를 해결하려는 희망에서보다는 문제를 명확히 하여 그것의 본래 상태로 되돌려 놓기 위한 의도에서였다. 같은 길을 나보다 수월하게 앞서 가는 연구가들이 있을 수 있겠지만, 종점에 이르는 일은 누구에게도 쉽지 않을 것이다. 왜냐하면 현재의 인간 본성 속에서 타고난 것과 인위적인 것을 구분하는 것과, 아마 존재하지도 않았으며 현재 존재하지도 않으며 십중팔구 결코 존재하지도 않을, 하지만 우리의 현재 상태를 잘 판단하기 위해서는 그에 대해 정확한 지식을 가질 필요가 있는 한 상태[17]를 잘 이해하려는 것은 경미한 시도가 아니기 때문이다. 이 문제를 확실하게 관찰하기 위해 취해야 할 대비책이 무엇인지를 정확하게 결정하려는 사람에게는 생각보다 더 많은 철학이 필요할 것이다. 그래서 다음과 같은 문제, 즉 '자연인(homme naturel)을 이해하기 위해서는 어떤 실험들이 필요한가? 사회 속에서 그 실험들을 하기 위해서는 어떤 방법들이 있는가?'[18]에 대한 올바른 해결은 우리 시대의 아리스토텔레스나 플리니우스[19] 같은 사람들에게나 자격이 있다고 생각한다. 내가 그 문제의 해결을 시도하는 것은 당치도 않지만, 충분히 숙고한 결과 가장 위대한 철학자들도 그 실험들을 이끌기에는 그렇게 유능하지 못하며 가장 강력한 군주들도 그 실험들을 후원하기에는 그렇게 적합하지 않을 것이라고 감히 미리 주장하고자 한다. 그 실험들을 성공시키기 위해서는 무엇보다 양편으로부터의 인내, 좀 더 정확히 말해 지식과 선의의 지속적인 협조가 필요한데, 그것을 기대하는 것은 무리다.

지금까지 사람들이 거의 생각해 본 적이 없는, 행하기 정말 어려운 이런 탐구는 그렇지만 인간 사회의 실제 기초에 대해 알지 못하게 막는 많은 어려움을 우리가 제거할 수 있는 유일한 수단이다. 자연권(droit naturel)의 진정한 정의에 대해 그토록 많은 불확실성과 모호함이 존재하는 것은 바로 인간 본성에 관한 그 무지 때문이다. 왜냐하면 뷔를라마키(Jean-Jacques Burlamaqui)[20] 씨에 따르면, 법의 관념, 더더구나 자연법의 관념은 명백하게 인간의 본성에 관련된 관념이기 때문이다. 그러므로 다시 그의 말에 따르면, 인간의 본성 자체와 인간의 구조, 그리고 인간의 상태로부터 이 학문의 원리들을 추론해 내야 한다.

이 중요한 주제, 즉 자연법을 논한 여러 저자들 사이에 그에 대한 일치된 견해가 거의 없는 것을 보는 일은 놀랍기도 하거니와 터무니없기도 하다. 가장 중요시되는 저자들 가운데 그 점에 대해 견해를 같이하는 사람은 겨우 두 명뿐이다. 가장 근본적인 원리들에 대해 서로 반박하려고 기를 썼던 것처럼 보이는 고대 철학자들[21]은 말할 것도 없이, 로마의 법학자들[22]은 인간과 여타의 모든 동물들을 구별 없이 동일한 자연법(loi naturel)에 따르게 한다. 왜냐하면 그들은 자연이 명령하는 법칙이라기보다는 자연이 스스로에게 부과하는 법칙을 자연법으로 간주하기 때문이다. 좀 더 정확히 말하면, 그 법학자들이 법(Loi)이라는 말에 부여한 특별한 의미 때문인데, 이 경우 그들은 공동의 자기 보존(Con-servation)을 위해 모든 생물들 사이에 자연에 의해 정립된 일반적인 관계를 표현하기 위해서만 그 말을 사용했던 것 같기 때문이다. 근대 철학자들[23]은 법이라는 이름 아래 도덕적인 존재, 다시 말해 자유롭고 생각할 줄 알며 다른 존재들과의 관계 속에서 고찰되는 존재에 규정된 규칙만을 인정하기에 결과적으로 유일하게 이성이 있는 동물, 즉 인간으로만 자연법의 적용 범위를 한정한다. 하지만 그들은 하나같이 자연법을 각자 자기 방식대로 정의함으로써 너무도 형이상학적인 원리 위에 세워놓았기에 우리들 사이에서는 그 원리들을 스스로 발견하기는커녕 이해할 수 있는 사람마저도 거의 없다. 따라서 그 학자들의 모든 정의는 한결같이 서로 모순되지만 이 점, 즉 아주 대단한 추론가나 통찰력이 있는 형이상학자가 아닌 이상 자연의 법을 이해할 수도, 결과적으로 그 자연의 법을 따를 수도 없다는 점에서만은 일치한다. 그것은 사회의 확립을 위해서는 인간은 사회 그 자체 속에서 아주 힘들게, 그리고 아주 소수의 사람들에게서만 발달되어 오는 지식만을 사용해야 했다는 것을 정확히 의미한다.

자연에 대해 거의 모르고 법이라는 말의 의미에 대해 그토록 견해가 서로 다르다면 자연법에 대한 올바른 정의에 합의하기란 정말 어려울 것이다.[24] 그러므로 책에서 보여 주는 모든 정의는, 전혀 일치하지 않는다는 결점 외에도 본래 인간이 가지고 있지 않은 여러 지식과 자연 상태에서 벗어난 후에야 겨우 그 관념에 대해 생각해 볼 수 있는 유리한 조건들에서 도출된 것이라는 결점도 아울러 가지고 있다. 그들은 인간이 공동 이익을 위해 서로 받아들이고 있는 규칙들을 탐구하는 것으로부터 시작한다. 그러고는 그 규칙들의 모음에 자연법이라는 이름을 부여하지만, 그 규칙들을 널리 적용해 보면 결과가 양호할 것이라는 생각 이외의 다른 증거가 없다. 이것이야말로 정의를 내리고, (그 정의와의) 거의 자의적인 일치를 바탕으로 사물의 본성을 설명하는 아주 편의적인 방식임에 틀림없다.

그렇지만 우리가 자연인을 알지 못하는 한 자연인이 받아들였던 법이나 자연인의 구조(constitution)에 가장 적합한 법을 규명하려 해보았자 쓸데없는 일이다. 우리가 그 법에 대해 아주 분명하게 이해할 수 있는 것이라고는 그것이 법이기 위해서는 그 법의 강요를 받는 사람의 의지가 그 법을 의식하여 복종할 수 있어야 할 뿐 아니라, 그것이 자연적이기 위해서는 그 법이 자연의 목소리를 통해 직접 말해야 한다는 것뿐이다.

그러므로 우리에게 인간들을 이미 완성된 모습으로만 보는 법을 가르쳐주는 그 모든 학술 서적들은 제쳐두고, 인간 영혼의 최초의 가장 단순한 작용들에 대해 숙고해 보면 이성 이전의 두 원리[25]를 발견할 것으로 나는 생각한다. 그중의 하나는 우리에게 우리 자신의 안위와 자기 보존에 열렬히 관심을 갖게 하며, 다른 하나는 모든 감성적 존재, 특히 우리 인간이 죽거나 고통을 당하는 것을 보기 싫어하게 하는 자연적인 혐오감을 불러일으킨다. 사회성의 원리 같은 것을 더 끼워 넣을 필요 없이, 우리의 정신이 그 두 원리를 가지고 만들어낼 수 있는 협력과 조합으로부터 자연법의 모든 규칙이 생겨난다고 나는 생각한다. 그 규칙들은 그 후 이성이 끊임없이 발달하여 마침내 자연을 질식시켜 버렸을 때, 이성이 다른 토대 위에 다시 세워야 하는 규칙들이다.

이와 같이 우리는 철학자를 인간으로 만들기 전에 인간을 철학자로 만들 필요는 없다. 타인에 대한 인간의 의무는 지혜의 뒤늦은 충고에 의해서만 부추겨지는 것은 아니다. 연민이라는 내적인 충동을 뿌리치지 않는 한 인간은 타인에게도, 나아가 어떠한 감성적 존재에게도 전혀 해를 끼치지 않을 것이다. 자기 보존의 문제가 걸려 있어서 자신을 우선시해야 하는 정당한 경우를 제외하고는 말이다. 그 덕분으로 자연법의 동물에 대한 적용이라는 오랜 논쟁도 역시 끝이 난다. 지력도 자유의지도 없는 동물이 그 법칙을 인지하지 못하는 것은 명백하기 때문이다. 하지만 우리는, 그것들이 부여받은 감성에 의해 우리 인간의 본성과 관련이 있기에 그것들 역시 자연법에 관여해야 하며, 인간은 그것들에 대해 어떤 의무가 있다고 생각할 것이다. 사실 내가 동족의 인간들에게 어떠한 해도 끼치지 말아야 하는 것은 그가 이성적인 존재이기보다는 감성적인 존재이기 때문인 것 같다. 그것은, 짐승이나 인간에게 공통적이기에 적어도 짐승에게 인간에 의해 공연히 학대받지 않을 권리[26]를 주어야 하는 특성인 것이다.

본원적 인간(homme originel)과 그의 진정한 욕구 및 의무의 기본적인 원리에 대한 이 연구는 또한 도덕적 불평등의 기원과 정치체(Corps politique)[27]의 진정한 토대와 정치체의 구성원 상호 간의 권리, 그리고 중요성에도 불구하고 잘 규명되지 않은 유사한 또 다른 많은 문제들에서 일어나는 다수의 어려움을 제거하기 위해 사용될 수 있는 유일한 좋은 방법이다.

차분하고 공정한 시선으로 인간 사회를 바라보면, 무엇보다 먼저 그것은 강자들의 폭력과 약자들의 억압만을 보여 주는 것 같다. 그래서 마음은 강자들의 냉혹함에 격분하며, 약자들의 무지에 한탄하고 싶어진다. 인간들 사이에서 지혜보다는 우연에 의해 더 자주 발생하며 강약이나 빈부라고 불리는 그 외적인 관계들만큼 불안정한 것은 아무것도 없기에, 인간의 제도는 언뜻 보기에 무른 모래 더미 위에 세워진 것처럼 보인다. 그 제도의 건물을 자세히 관찰하고 건물 주위의 먼지와 모래를 털어내고 나서야 비로소 그것이 세워진 견고한 토대를 발견할 수 있으며, 그 토대를 잘 보존하는 법을 배우게 된다. 그런데 인간과 인간의 타고난 능력, 그리고 그 능력의 계속적인 발달에 관한 진지한 연구 없이는 결코 그것들을 판별하여 사물의 현재 구조 속에서 신의 의지의 소산물과 인간의 수완의 소산물을 구분하지 못할 것이다. 내가 검토하는 이 중요한 문제에서 야기되는 정치·도덕적 연구는 그러므로 모든 점에서 유용하며, 정체(政體)들에 대한 가설적인 역사는 모든 점에서 인간에게 교훈적인 가르침이다. 만일 우리가 우리를 우리 자신에게 맡겼더라면 어떻게 되었을까를 생각해 봄으로써, 우리는 자비로운 손으로 우리의 제도를 바로잡아 주고 그 제도에 흔들리지 않는 토대를 부여해 주어 제도로부터 유래할 수 있었을 무질서를 예방해 주고, 우리에게 비참함을 가득 가져다주었을 수도 있었을 수단들을 사용하여 우리에게 행복을 주신 분을 찬양하는 법을 배워야 할 것이다.

신께서 그대가 무엇이 되기를 원하셨는지, 그리고 인간세계에서 그대가 어떤 위치를 차지하고 있는지를 터득하라.[28]

주석에 대해 일러두기

두서없이 작업하는 게으른 내 습관대로 주석 몇 개도 그렇게 달았다. 그것들은 때로 본문과 함께 읽기에는 적합하지 않을 만큼 주제로부터 벗어나 있다. 그래서 나는 논문 뒤쪽으로 주석들을 뺐으며, 논문 집필에서는 죽 읽힐 수 있도록 최선을 다했다. 용기를 내어 이 논문을 다시 읽어볼 독자들은 그때는 재미 삼아 철저히 수색하여 주석들을 두루 읽어보는 시도를 해도 좋을 것이다. 그렇지 않은 사람들은 그것들을 읽지 않아도 이상이 없을 것이다.

디종 아카데미가 제시한 질문

"인간들 사이 불평등의 기원은 무엇이며, 불평등은 자연법에 의해 허용되는가."

인간들 사이 불평등의 기원과 근거들에 관한 논문

　내가 말해야 하는 것은 인간에 관해서다. 그리고 내가 검토하는 문제는 내가 몇몇 저명한 분들을 상대로 말하는 문제임을 나에게 가르쳐준다. 왜냐하면 진실에 대한 존중을 두려워할 때에는 사람들이 이 같은 문제를 제기하지 않기 때문이다. 그러므로 나는 이 문제에 초대해 준 높은 식견을 가진 분들 앞에서 자신 있게 인류의 입장을 옹호할 것이다. 그리하여 내가 내 논제와 심사위원님들에게 걸맞은 인간이 된다면 나는 나 자신에 대해 상당히 만족스러워할 것이다.

　나는 인류에게서 두 종류의 불평등을 발견한다. 하나는 내가 자연적 혹은 신체적 불평등이라고 부르는 것인데, 그것이 자연에 의해 결정되는 것이기 때문으로, 나이·건강·신체적인 힘과 정신 혹은 영혼의 자질의 차이로 이루어져 있다. 그리고 다른 하나는 도덕적 혹은 정치적 불평등으로 부를 수 있는 것인데, 일종의 합의에 속하는 것으로, 인간들 간의 동의에 의해서 결정되거나 아니면 적어도 용납되기 때문이다. 이 불평등은 얼마간의 사람들이 다른 사람들을 해치고 누리는 갖가지 특권들로 이루어져 있는데, 이를테면 다른 사람들보다 더 부자이거나 더 존경을 받거나 더 세력이 있거나, 또는 그들을 자신에게 복종시키거나 하는 특권들이 그것이다.

자연적인 불평등의 기원이 무엇인지는 물을 수 없다. 왜냐하면 대답은 단어의 간결한 정의에 명확하게 표현되어 있기 때문이다. 하물며 두 불평등 사이에 어떤 본질적인 관계가 있는지는 더더욱 물을 수 없다. 왜냐하면 명령하는 사람이 복종하는 사람보다 반드시 더 뛰어난 것인지, 신체 혹은 정신의 힘, 지혜 혹은 덕목이 동일한 사람들에게 항상 세력이나 부에 비례하여 주어지는 것인지를 표현만 달리하여 묻는 것이기 때문이다. 그것은 노예들이 자기 주인들이 듣는 앞에서 서로 토론할 수 있는 좋은 문제일지는 모르나 진리를 추구하는 이성적이고 자유로운 사람들에게는 적합하지 않은 문제다.

그러면 도대체 이 논문에서 문제가 되는 것은 정확히 무엇인가? 사태의 진전에 따라 권리가 폭력의 뒤를 잇고 자연이 법에 지배된 시기를 지적하고, 어떠한 일련의 기적적인 사건으로 인해 강자가 약자를 섬기고 인민이 현실의 행복을 대가로 하여 가공의 평화를 얻기로 결심할 수 있었는지를 설명하는 것이 그것이다.

사회 기초를 검토한 철학자들은 하나같이 자연 상태(état de nature)에까지 거슬러 올라갈 필요를 느꼈다. 하지만 그들 중 누구도 거기까지 이르지는 못했다. 어떤 철학자들[29]은 주저 없이 그 상태에 있는 인간은 정의와 부정의 관념을 가지고 있었다고 가정하면서도, 그 인간이 틀림없이 그 관념을 가지고 있었다는 것과 그 관념이 그에게 유용했다는 것을 보여 주는 일에는 관심을 갖지 않았다. 또 다른 철학자들[30]은 누구에게나 있는, 자신에게 속한 것을 보존하려고 하는 자연권에 대해 말했지만 '속한다'라는 말이 무슨 뜻인지에 대해서는 설명하지 않았다. 또 다른 철학자들[31]은 우선 가장 강한 사람에게 가장 약한 사람을 지배할 권력을 주면 즉각 정부가 생겨난다고 주장했지만 권력과 정부라는 말의 의미가 사람들 사이에 존재할 수 있을 때까지 경과해야 했던 세월에 대해서는 생각해 보지 않았다. 마지막으로, 그들은 하나같이 필요와 탐욕과 억압·욕망·자만에 대해 끊임없이 말하지만 자신들이 사회 속에서 얻은 관념들을 자연 상태 속으로 옮겨다 놓았다. 그리하여 그들은 미개인[32]에 대해 말했지만 문명인을 묘사해 놓았던 것이다. 우리 시대 대부분의 철학자들은 자연 상태가 존재했는지 의심해 보는 일조차도 하지 않았다. 그런데 성서를 읽어보아도 신으로부터 직접 계시와 계율을 받은 최초의 인간 역시 전혀 그 상태에 있지 않았으며, 모든 기독교 철학자들처럼 모세의 책들을 믿을 경우 노아의 대홍수 이전에조차—어떤 특별한 사건에 의해 그 상태로 다시 떨어지지 않은 이상—인간은 결코 순수한 그 자연 상태에 있지 않았다는 것은 분명하다. 그런데 이 사실은 지지하기에 아주 난처하며 증명하기에도 전적으로 불가능한 역설이다.

그러므로 그 모든 사실을 배제하는 것에서부터 시작하자. 왜냐하면 그것들은 질문과 전혀 관련이 없기 때문이다. 우리는 이 주제를 파고들 수 있는 연구를 역사적 진실의 연구가 아니라, 오로지 가설적이고 조건적인 추론으로 간주해야 한다. 이 추론은 진정한 기원을 보여 주기보다는 사태의 본질을 밝히는 데 더 적합하며, 물리학자들[33]이 매일 우주의 생성에 대해 하는 추론들과 유사하다. 종교는 우리에게 신 자신이 만물을 창조하실 때 이미 인간을 자연 상태에서 벗어나게 했으니 인간이 불평등한 것은 그가 그렇게 되기를 원했기 때문이라고 믿을 것을 명령한다. 하지만 종교는 만일 인류가 홀로 버려진 상태로 남아 있었다면 어떻게 될 수 있었을까에 대해 인간과 인간을 둘러싼 존재들의 본성에만 근거하여 추측하는 일을 금하지 않는다. 바로 그것이 내가 받은 질문이며, 이 논문에서 검토하고자 하는 점이다. 주제가 인간 일반에 관한 것이기에 나는 모든 나라 사람들에게 적합한 말을 쓰도록 노력할 것이다. 좀 더 정확히 말해, 내 말을 들어줄 저명한 분들만을 생각하기 위해 나는 시간과 장소를 망각하고 아테네의 학원[34]에서 내 스승들의 가르침을 복습하고 있으며, 심사위원을 플라톤과 크세노크라테스(Xenocrates)[35] 같은 분들로 그리고 청중을 인류로 삼고 있다고 생각할 것이다.

오, 인간이여, 당신이 어느 나라 사람이든 그리고 어떤 의견을 가지고 있든 내 말에 귀 기울여보라. 거짓말쟁이들인 당신의 동료 인간들의 책 속에서가 아니라, 절대로 거짓말을 하지 않는 자연 속에서 내가 읽어냈다고 믿는 그대로의 당신의 역사를 이제부터 말해 보겠다. 자연으로부터 비롯된 것은 모두가 진실이다. 내가 본의 아니게 거기에 섞은 내 의견만을 제외하면 거짓된 것이 없을 것이다. 내가 말하고자 하는 시대는 아주 먼 옛날이다. 그 시대의 당신의 모습으로부터 당신은 얼마나 변했는지 모른다! 교육과 습성이 변질시킬 수는 있지만 파괴할 수는 없었던 당신의 타고난 자질에 기초하여 내가 묘사하려는 것은 이를테면 당신의 종, 즉 인류에 대해서다. 각각의 인간은 저마다 머물고 싶은 시기가 있다고 나는 생각한다. 그러니 당신도 당신의 종이 머물러 있기를 원했을 시대[36]를 찾아보려 할 것이다. 당신의 불행한 후손들에게 훨씬 더 큰 불만을 예고하고 있는 여러 이유들 때문에 당신의 현 상태에 대해 불만을 느끼는 당신은 아마도 그 시대로 되돌아갈 수 있었으면 할 것이다. 그런데 이러한 감정은 당신의 최초의 선조들을 찬양하게 하는 반면 당신의 동시대인들을 비판하게 하며, 불행히도 당신 뒤에 올 사람들에게는 두려움을 주게 될 것이다.

1부

 인간의 자연 상태를 올바로 판단하기 위해서 인간을 그 기원부터 고찰하는 것, 이를테면 종의 최초 발아 상태의 인류를 살펴보는 것이 아무리 중요하다 할지라도 나는 신체 조직의 연속적인 발전 모습을 따라가지는 않을 것이다. 요컨대 나는 현재의 모습으로 되기 위해서 초기의 모습은 어떠했는지를 동물의 조직을 통해 탐구하려 하지는 않을 것이다. 나는 아리스토텔레스가 생각한 것처럼 인간의 긴 손톱이 처음에는 갈고리 모양으로 굽은 동물의 발톱 모양은 아니었는지, 인간이 곰처럼 털이 많이 나지는 않았는지, 네발로 걸어 다니기에(3*) 시선은 땅으로 향하여 몇 발자국 앞에 머물 수밖에 없으며 그로 인해 사고방식에 깊이 영향을 미침과 동시에 그 한계를 가져오지는 않았는지를 살펴보지는 않을 것이다. 나는 이 문제에 대해서는 거의 상상에 가까운 어렴풋한 추측만 할 수 있을 뿐이다. 비교해부학은 아직까지 별로 발전을 보지 못했으며, 박물학자들의 관찰은 아직도 너무 불확실해서 그와 같은 토대 위에는 견고한 추론의 기초를 세울 수 없다. 그러므로 나는 우리가 갖고 있는 초자연적인 지식에 도움을 청하거나 그의 손발을 새로운 용도로 사용하고 새로운 음식을 섭취함에 따라 인간의 내적·외적인 신체 구조에 틀림없이 일어났ను 변화들을 고려하지 않고, 인간을 오늘날 우리가 보듯 두 다리로 걷고 손을 사용하고 시선은 자연 전체로 향하고 눈으로 드넓은 하늘을 가늠하는 형태를 항상 지녔다고 가정할 것이다.

이처럼 구성된 존재에게서 그가 받았을지도 모를 온갖 초자연적인 재능과, 오랜 기간의 발달을 통해서만 습득할 수 있었던 모든 인위적인 능력을 제거해 버린다면, 한마디로 말해 자연의 손에서 나온 때의 그의 모습을 생각해 보면 나는 어떤 동물들보다는 약하고 또 어떤 동물들보다는 민첩함이 덜하지만 결국 모든 동물 중에서 가장 유리하게 조직된 한 동물을 마음에 그리게 된다. 나는 그가 떡갈나무 밑에서 포식을 하고 처음 만나는 시냇물에서 갈증을 풀고 그에게 휴식을 제공해 준 나무 발치에 잠자리를 마련하는 것을 상상한다. 그처럼 그는 필요한 것이 충족되었던 것이다.

자연 그대로의 비옥한 상태로(4*) 도끼가 전혀 닿지 않은 거대한 숲으로 뒤덮인 대지는 곳곳에서 온갖 동물들에게 먹이 저장고와 굴을 제공해 준다. 그 동물들 사이에 흩어져 사는 인간은 동물들의 활동을 관찰하고 모방하면서 금수의 본능까지 자기 것으로 만든다. 저마다의 종은 자기 자신의 본능밖에 가지고 있지 않지만 인간은 아마도 자기 것은 아무것도 없기 때문인지 모든 본능을 제 것으로 삼으며 다른 동물들이 서로 나누어 갖는 잡다한 먹이(5*)의 대부분을 또한 섭취하여 결과적으로 자신의 식량을 다른 어떠한 동물보다 더 쉽게 구하는 장점도 가지고 있다.

어린 시절부터 혹독한 날씨와 가혹한 계절에 익숙해지고 피로에 단련되었으며, 벌거벗은 채 무기도 없이 자신의 생명을 방어하고 사냥감을 다른 맹수들로부터 방어하거나 아니면 도망치지 않을 수 없었기에 인간들은 강건하고 거의 불변하는 체질이 된다. 아이들은 조상의 훌륭한 체격을 가지고 세상에 태어나 그 체격을 만들었던 것과 같은 단련을 통해 더 강하게 함으로써 인간에게 가능한 모든 원기를 획득한다. 자연은, 스파르타의 법[37]이 시민들의 아이들에게 그랬던 것과 똑같이 그들에게 대한다. 이를테면 자연은 체격이 좋은 아이들은 강하고 튼튼하게 만들며, 그렇지 못한 아이들은 도태시켜 버린다. 그 점에 있어서 자연은 인간 사회와는 다른데, 인간 사회에서는 국가가 아이들을 아버지에게 짐이 되게 함으로써 태어나기도 전에 그들을 무차별하게 죽여 버린다.

미개인(homme sauvage)의 신체는 자신이 아는 유일한 도구이기 때문에 그는 자신의 신체를 다양하게 사용한다. 하지만 우리의 신체는 연습 부족으로 그런 다양한 사용이 불가능해져 버렸다. 그런데 필요에 의해 신체가 습득하게 되는 힘과 민첩성을 우리에게서 빼앗아 가는 것은 바로 우리의 솜씨 좋은 재주다. 만일 그 미개인이 도끼를 가지고 있었다면 그토록 강한 가지들을 손목으로 꺾을 것인가? 만일 그가 투석기를 가지고 있었다면 그렇게 억세게 손으로 돌을 던질 것인가? 만일 그가 사다리를 가지고 있었다면 그렇게 날렵하게 나무 위로 기어오를 것인가? 만일 그가 말을 한 필 가지고 있었다면 그토록 빨리 달릴 수 있을 것인가? 문명인에게 자기 주위에서 그 모든 기계와 도구를 그러모을 시간을 주어보라.[38] 문명인이 미개인을 쉽게 이겨내리라는 것은 의심의 여지가 없을 것이다. 하지만 만일 당신이 훨씬 더 대등하지 않은 싸움을 보고 싶거든 그들이 서로 옷을 벗고 무기 없이 대결하게 해보라. 그러면 곧 자기 마음대로 쓸 수 있는 온갖 힘을 줄곧 가지고 있으면서 항상 모든 사건에 준비가 되어 있는 것이, 말하자면 늘 자기 자신을 고스란히 지니고 다니는 이점이 어떤 것인지를 발견할 것이다.(6*)

홉스(Thomas Hobbes)는 인간은 본래 용감해서 공격하여 싸우려고만 한다[39]고 주장한다. 한 유명한 철학자[40]는 반대로 생각한다. 컴벌랜드(Richard Cumberland)[41]와 푸펜도르프(Samuel Pu-fendorf)[42]도 그렇게 단언하면서 자연 상태의 인간보다 더 소심한 것은 없어서 항상 두려움에 떨며, 들리는 아주 작은 소리나 보이는 아주 작은 움직임에도 도망갈 준비가 되어 있다고 말한다. 인간이 알지 못하는 대상들에 대해서는 그럴 수 있다. 그리하여 나는 자신이 예측해야 하는 육체적인 이득과 해악을 구분할 수도 없고 자신이 맞서야 하는 위험과 자신의 힘을 비교할 수도 없을 때마다 자기에게 주어지는 모든 미지의 광경에 인간이 두려워한다는 것을 의심하지 않는다. 그러나 그러한 상황들은 만사가 너무도 단조롭게 진행되며, 지표면이 그곳에 모여 사는 사람들의 정념이나 변덕에 의해 야기되는 갑작스럽고 끊임없는 변화들에 전혀 영향을 받지 않는, 자연 상태에서는 드문 일이다. 하지만 미개인은 동물들 사이에 흩어져 살며 일찍부터 그것들과 맞설 수 있는 상태에 있기 때문에 곧 자기를 동물들과 비교하게 된다. 그리고 동물들이 힘에서 자기를 능가하는 것 이상으로 자기가 능숙함에서 동물들을 능가한다고 느끼기에, 그는 더 이상 그것들을 두려워하지 않는 법을 안다. 그들 모두가 그렇듯 강건하고 민첩하며 용감한 미개인 한 명에게 돌과 단단한 막대기를 주어 곰이나 늑대와 싸우게 해보라. 그러면 당신은 적어도 위험은 서로에게 있지만 자기들끼리 공격하는 것을 전혀 좋아하지 않는 맹수들은 몇 번 그와 같은 경험을 하고 나면 인간도 자기들 못지않게 사납다는 것을 알고 쉽사리 공격하지 않는다는 것을 알게 될 것이다. 인간은 자신의 재주보다 실제로 더 큰 힘을 가진 동물들과 맞붙을 때, 그것들보다 약하지만 그래도 생존하는 다른 종의 동물들과 같은 처지에 놓인다. 그렇지만 인간에게는 그것들 못지않게 민첩하게 달리고 나무 위에 안전하다 싶은 도피처를 찾을 수 있는 이점이 있어서 어디에서 마주쳐도 도망치거나 싸우는 것을 선택할 수 있다. 자신의 방어나 극심한 기아 같은 경우를 제외하고 어떠한 동물도 본래 인간과 맞서 싸우지 않으며, 또 어떤 한 종이 자연 속에서 다른 종에게 먹이가 되도록 운명 지어져 있음을 말해 주는 것 같은 그런 맹렬한 적의를 인간에게 보이지 않는 것 같다는 사실을 덧붙여 두자.(흑인들과 미개인들이 숲 속에서 마주칠 수 있는 맹수들에 대해 별로 걱정하지 않는 것은 아마도 바로 그런 이유들에서일 것이다. 특히 베네수엘라의 카리브인들은 그 점에서 가장 안심하며 조금의 불편도 없이 산다. 그들은 비록 거의 맨몸이지만 그래도 활과 화살만 가지고 숲 속에서 대담하게 돌아다닌다고 코레알(François Corréal)은 말한다. 그렇지만 그들 중 한 사람이라도 짐승에게 잡아먹혔다는 말을 결코 들어본 적이 없다. [1782년 판])

인간이 방어하지 못하는 또 다른 더 위험한 적은 타고난 나약함, 즉 유년기와 노쇠와 온갖 종류의 질병이다. 그것들은 우리 인간의 나약함에 대한 우울한 특징들로, 앞의 둘은 모든 동물에 공통적이며 후자는 특히 사회를 이루어 사는 인간에 고유한 것이다. 유년기에는 어머니가 아이를 어디로 데리고 다니든지 동물의 암놈이 새끼에게 먹이를 먹이는 것보다 훨씬 더 용이하게 아이에게 먹이를 먹일 수 있다고 생각한다. 동물의 암놈은 한편으로는 먹이를 찾고 또 다른 한편으로는 새끼에게 젖을 주거나 먹이기 위해 피곤한 몸으로 이리저리 끊임없이 돌아다니지 않으면 안 되기 때문이다. 만일 어머니가 죽게 되면 아이도 함께 죽을 위험이 아주 큰 것은 사실이다. 하지만 그런 위험은 새끼들 스스로 오랫동안 먹이를 찾을 수 없는 수많은 다른 종들도 마찬가지다. 게다가 인간의 유년기가 더 긴 것은 수명 또한 더 길기 때문이므로 그 점에 있어서는 거의 평등하다.(7*) 유년기의 기간과 태어나는 새끼 수(8*)에 대한 다른 규칙들이 있지만 그것은 내가 다룰 주제가 아니다. 거의 움직이지 않기에 땀을 거의 흘리지 않는 늙은이들에게 먹을 것에 대한 욕구는 먹을 것을 구할 능력과 더불어 줄어든다. 미개한 삶은 그들을 통풍과 류머티즘으로부터 벗어나게 해주지만, 노쇠는 질병 중에서 가장 치유하기 힘든 질병이기에 그들은 결국 죽고 만다. 그러나 죽어가는 것에 대해 타인들은 물론 자기 자신들조차 거의 깨닫지 못한다.[43)]

질병에 대해서라면, 나는 사람들 대부분이 건강할 때 의술에 대해 떠벌리는 잘못되고 쓸데없는 과장 섞인 수사(修辭)에 대해 말하지 않겠다. 하지만 의술이 가장 소홀히 되는 나라에서의 평균수명이 의술이 가장 공들여 개발된 나라에서보다 더 짧다는 결론을 내리게 할 수 있는 어떤 확실한 관찰이 있는지 묻고 싶다. 만일 의술이 치료해 줄 수 있는 것보다 더 많은 병에 걸린다면, 그 이유는 무엇일까! 생활 방식에서의 극도의 불균등, 이를테면 저마다 다른 지나친 나태나 지나친 노동, 식욕과 관능성의 자극 및 만족에서의 용이성, 변비를 일으키는 체액을 자극하여 소화불량을 유발하는 부자들에게 지나치게 선호되는 음식들, 그나마 자주 먹지 못하고 혹시라도 먹을 기회가 있을 때면 과식하는 가난한 사람들의 형편없는 음식물들, 밤샘, 온갖 무절제, 온갖 정염의 무절제한 발현, 육체적·정신적 피로, 온갖 상태에서 겪게 되는 끊임없이 영혼을 좀먹는 비애와 고통. 이런 것들은 우리의 불행 대부분이 우리 자신의 작품이며, 만일 우리가 자연이 명령한 단순하고 단조로우며 혼자 사는 생활 방식을 유지했더라면 그 모든 것을 거의 피할 수 있었을 것이라는 점에 대한 우울한 증거들이다. 만일 자연이 우리에게 건강을 예정해 두었다면 깊이 생각하는 것은 자연에 반하는 상태이며, 그러한 인간은 타락한 동물[44]이라고 나는 감히 주장한다. 우리가 미개인의 체질이나 적어도 우리의 독한 술로 망치지 않은 사람들의 체질을 생각해 볼 때, 그들이 상처와 노쇠 이외의 질병을 거의 모른다는 사실을 알 때, 문명사회의 역사를 따라가 보면 인간의 질병사를 쉽게 쓸 수 있을 것이라고 생각된다. 이것은 적어도 플라톤의 견해[45]이기도 하다. 그는 트로이의 포위 공격에서 포달레이리오스와 마카온[46]이 사용하거나 인정한 몇 가지 치료약이 유발할 수 있는 여러 질병은 그때까지 인간들 사이에 아직 알려지지 않았다고 판단하고 있다.

질병의 원인이 거의 없기에 자연 상태의 인간은 치료약이 필요치 않다. 하물며 의술은 더 필요가 없다. 인간은 그 점에 있어서 다른 어떠한 종보다 나쁜 상황에 처해 있지만은 않다. 그리고 사냥꾼들로부터 그들이 사냥을 할 때 불구의 동물을 많이 만나는지 어떤지를 물어보기는 쉽다. 그들은 그런 동물을 많이 만나는데, 그것들은 상당한 상처가 났지만 아주 잘 아물었으며 뼈가 부러졌지만 시간 외의 다른 의사의 도움도, 일상적인 생활 이외의 다른 식이요법도 없이 완벽하게 치유되었다. 절개수술로 고통을 받지도 않았고 약물에 중독되지도 않았으며 굶주림으로 쇠진되지도 않았다. 요컨대 우리들 사이에서 잘 행해진 의술이 아무리 유용하다 할지라도, 아픈 미개인이 홀로 내버려질 경우 그 치유가 이루어질 곳은 자연밖에 없음은 언제나 자명하다. 반면에 그는 자신의 질병밖에 두려워할 것이 없는데, 그것은 흔히 그의 처지가 우리의 처지보다 더 낫다는 것을 보여준다.

그러므로 미개인을 우리가 눈앞에 보는 사람들과 혼동하지 말자. 자연은 자신이 보살펴야 하는 모든 동물을 특별히 치유해 주는데, 그것은 자연이 그 권리를 얼마나 소중히 여기는지를 잘 보여 주는 것 같다. 말, 고양이, 황소, 당나귀까지 대부분이 우리의 집에서 있을 때보다 숲속에 있을 때 더 크고 강건한 체질을 가지며 힘과 활기와 용기가 더 있다. 그것들은 가축이 되면서 그 장점들의 반을 잃어버렸다. 그리하여 잘 돌보고 잘 먹이는 우리의 모든 노력이 되레 그것들을 퇴화시킨 것 같다. 인간에 대해서도 마찬가지다. 사회화되고 예속화된 인간은 나약해지고 겁이 많아지며 비굴해진다. 그리하여 무기력해지고 여성화된 인간의 생활 방식은 그의 힘과 용기를 동시에 약화시키고 만다. 게다가 야생 상태와 길든 상태 사이에서는 인간 사이의 차이가 동물들 사이의 차이보다 훨씬 더 큼에 틀림없다. 왜냐하면 동물과 인간은 자연으로부터 동일한 대우를 받았기에 자기가 길들인 동물에게보다 자신에게 제공하는 더 많은 모든 편의는 그만큼 더 인간을 크게 퇴화시키는 특별한 원인이 되기 때문이다.

그러므로 의복과 주거의 결여, 그리고 우리가 그토록 필요하다고 생각하는 그 모든 쓸데없는 것들의 결여는 그 최초의 인간들에게는 그렇게 큰 불행이 아니었으며, 무엇보다 그들 자신의 자기 보존에 그렇게 큰 장애물이 아니었다. 비록 피부가 털로 덮여 있지는 않지만 더운 지방에서는 그것이 전혀 필요하지 않으며 추운 지방에서는 곧 자신들이 잡은 동물들의 가죽을 걸칠 줄 알게 된다. 달리기 위해서는 두 다리밖에 가지고 있지 않지만 방어와 필요한 것들을 공급하기 위해 두 팔을 더 가지고 있다. 아이들은 늦게야 겨우 걷기 시작한다. 그렇지만 어머니들은 아이들을 쉽게 안고 다닌다. 그것은 어미가 추격을 당하면 새끼들을 버리거나 그것들과 보조를 맞출 수밖에 없는 다른 동물들에게서는 볼 수 없는 이점이다.(여기에는 몇 가지 예외가 있을 수 있다. 예를 들어, 니카라과 지방의 한 동물이 그러한데, 그 동물은 여우를 닮았으면서도 사람의 손과 같은 발을 지녔다. 코레알에 의하면, 그 동물은 배 밑에 주머니 하나를 가지고 있으며 도망치지 않을 수 없을 때에는 그 안에 새끼들을 넣고 달아난다. 그것은 아마도 멕시코의 트라코돈이라 불리는 것과 같은 동물일 것인데, 라에(Jean Laët)에 의하면 암컷은 니카라과 동물과 동일한 용도로 비슷한 주머니를 가지고 있다.〔1782년 판〕) 요컨대 뒤에 가서 언급하겠지만, 상황들의 그 특이하고 우연한 일치(그 일치가 일어나기란 매우 희박하다.)를 가정하지 않는 한 옷과 집을 마련한 최초의 인간은 그 점에서 거의 필요하지 않은 것을 만들어낸 것임에는 어쨌든 분명하다. 왜냐하면 인간은 그때까지 그런 것 없이 살아왔으며, 또한 어린 시절부터 견뎌온 그런 생활을 어른이 되어서 왜 견딜 수 없는지 쉽게 이해가 되지 않기 때문이다.

　항상 혼자서 위험에 근접하여 사는 한가한 미개인은 거의 생각 없이 살면서, 이를테면 생각을 하지 않을 때면 잠만 자는 동물들처럼 잠자는 일과 선잠 자는 일을 좋아했음에 틀림없다. 거의 자기 자신의 보존이 그의 유일한 일이기 때문에 가장 능숙한 능력은 먹이를 잡기 위해서든 아니면 타 동물의 먹이가 되지 않기 위해서든 공격과 방어를 주목표로 삼는 능력이다. 그 반대로 나약함과 관능성에 의해서만 발달하는 기관들은 모든 종류의 섬세함이 결여된 조잡한 상태에 머물게 된다. 그리하여 그 상태에서 감각은 분할되어 촉각과 미각은 극도로 둔한 반면 시각, 청각, 후각은 매우 예민해질 것이다. 동물 상태가 전반적으로 그러하며, 여행자들의 보고서에 따르면 대부분의 미개민족들의 상태도 그렇다. 그러므로 희망봉의 호텐토트족들이 네덜란드인들이 망원경으로나 볼 수 있는 먼 곳의 배를 높은 산 위에서 육안으로 보는 것에 대해서도, 아메리카 미개인들이 아주 뛰어난 개들이나 그렇게 할 수 있는 것처럼 에스파냐인들의 흔적을 낌새채는 것에 대해서도, 그 모든 야만인들이 옷을 입지 않는 것을 어려움 없이 견뎌내며 고추로 입맛을 돋우며 유럽인들의 술을 물처럼 마시는 것에 대해서도 전혀 놀랄 필요는 없다.

나는 지금까지 인간을 육체적 측면에서만 고찰했다. 이제 형이상학적이고 도덕적인 측면에서 인간을 바라보도록 하자.

내게 모든 동물은 자연으로부터 스스로 활력을 되찾고, 자신을 파괴하거나 고장 내려는 경향이 있는 모든 것으로부터 어느 정도까지는 자신을 보호하도록 감각을 부여받은 정교한 기계 같기만 하다. 나는 인간의 몸도 꼭 같게만 보인다. 차이라고는, 동물의 활동에서는 자연만이 모든 것을 마음대로 행하는 반면 인간은 자유로운 주체로서 자연의 활동에 협력한다는 것뿐이다. 이를테면 동물은 본능에 의해 선택하거나 거절하는 반면 인간은 자유의지의 행위에 의해 그렇게 한다. 그 때문에 동물은 자기에게 정해진 규칙을 벗어나는 것이 자신에게 이로울 때조차도 그렇게 하지 못하지만 인간은 자신에게 해롭게도 자주 그 규칙에서 벗어난다. 그리하여 비둘기는 아주 맛있는 고기로 가득 찬 대야 옆에서도 굶어 죽을 수 있으며, 고양이는 과일이나 곡식 더미 위에서도 굶어 죽을 수 있다. 만일 먹어보려고 시도할 생각을 했다면 그것들이 경멸하는 음식을 아주 잘 섭취할 수 있을 것임에도 불구하고 말이다. 또 그리하여 절도 없는 인간은 자기에게 열병과 죽음을 불러오는 무절제에 빠진다. 왜냐하면 정신은 감각을 변질시키기 때문이며, 자연이 침묵할 때에도 의지는 계속해서 작용하기 때문이다.

모든 동물은 감각을 가지고 있기 때문에 관념을 가지며, 어느 정도까지 그 관념들을 조합하기까지 한다. 그러기에 그 점에 있어서 인간은 동물과 많고 적고의 차이가 있을 뿐이다. 어떤 철학자들은 인간과 동물 사이의 차이보다 인간과 인간 사이의 차이가 더 크다고까지 주장했다. 그러므로 다른 모든 동물들 사이에서 인간을 특별히 구분 짓는 것은 그의 지적 능력이 아니라 자유로운 주체로서의 자질이다. 자연은 모든 동물에게 명령하며, 동물은 그에 복종한다. 인간도 같은 압력을 받지만 복종하거나 저항하는 것은 자기 자유라는 것을 알고 있다. 그리고 무엇보다 바로 그 자유의 의식에서 인간 영혼의 정신성이 드러난다. 왜냐하면 물리학이 어느 정도 감각의 구조와 관념의 형성에 관해서는 설명해 주고 있지만 의지의 힘, 좀 더 정확히 말해 선택의 힘과 그 선택의 힘의 지각 속에서는 역학의 법칙으로 아무것도 설명하지 못하는, 순전히 정신적인 행위밖에 발견하지 못하기 때문이다.

그러나 설사 이 모든 문제를 둘러싼 어려움들이 인간과 동물의 그 차이에 대해 논의할 여지를 좀 남긴다 할지라도 그 둘을 구분 짓는 아주 특별한 다른 자질이 있는데, 그 자질에 대해 이의를 제기하지는 못할 것이다. 그 자질이란 곧 스스로를 개선하는 능력이다. 그것은 환경의 도움을 빌려 다른 모든 능력을 끊임없이 발전시키는 능력으로 종 안에도 개인 안에도 존재한다. 반면 한 동물은 몇 달이 지나면 죽을 때까지의 상태가 결정되어 그의 종은 천 년이 지나도 최초에 결정된 상태 그대로다. 왜 인간만이 자칫 어리석어지는가? 그것은 인간이 자신의 원시 상태로 다시 떨어지기 때문이 아니겠는가? 다시 말해, 아무것도 습득한 것이 없으니 잃을 것도 없어 항상 본능만 가지고 있는 동물과는 달리 인간은 노쇠나 여러 사고들로 인해 그의 개선 가능성(perfectibilité)[47]이 그에게 습득하게 만든 모든 것을 잃어버려, 심지어는 동물보다도 더 저급한 상태로 다시 떨어지기 때문 아니겠는가? 인간과 동물을 구분 짓게 하는 거의 무한한 그 능력이 인간의 모든 불행의 원인이라는 것을, 그 안에서 평화롭고 순진무구한 세월을 보내게 될 그 원초적 상태로부터 세월의 흐름과 함께 인간을 끌어내는 것이 바로 그 능력이라는 것을, 아주 긴 세월의 흐름 속에서 지식과 오류와 악덕과 미덕을 생성해 놓고는 결국에 가서는 자기 자신과 자연의 폭군이 되게 하는 것도 바로 그 능력이라는 것을 우리가 인정해야 하니 우울한 일이 아닐 수 없다.[48](9*) 오리노코 강 연안의 주민에게 자기 아이들의 관자놀이에 붙이는 그 판자의 사용법을 맨 먼저 가르쳐준 사람을 자비로운 사람으로 찬양해야 하는 것은 끔찍한 일이다. 그 판자는 적어도 아이들의 어리석음과 최초의 행복의 일부를 그들에게 보증해 주고 있기 때문이다.[49]

자연에 의해 오로지 본능에만 내맡겨진 미개인, 좀 더 정확히 말해 아마도 그에게 결핍되어 있을 본능을 우선 보충한 뒤 이어서 자신을 자연 이상으로 훨씬 더 높일 수 있는 능력으로 그 결핍된 본능에 대해 보상받는 미개인은 따라서 순전히 동물적인 기능에서부터 시작할 것이다.(10*) 식별하고 느끼는 것이 그의 최초의 상태일 텐데, 그것은 일반 동물과 공통적일 것이다. 새로운 상황이 새로운 발전을 가져올 때까지는 하고 싶어 하는 것과 하고 싶어 하지 않는 것, 욕망하는 것과 두려워하는 것이 그의 영혼의 최초이자 거의 유일한 기능일 것이다.

모럴리스트들이 어떻게 말하든 인간의 지적 능력은 정념에 많이 빚지고 있으며, 일반적으로 인정되고 있는 것처럼 정념 역시 지적 능력에 많이 빚지고 있다.[50] 우리의 이성이 개선되는 것은 바로 그 지적 능력과 정념의 활동에 의해서다. 우리가 무엇인가를 알려고 하는 것은 오로지 그것을 향유하고 싶기 때문이다. 그러므로 욕망도 두려움도 없는 사람이 왜 그렇게 힘들여 이치를 따져보려 하는지는 이해가 되지 않는 일이다. 정념은 또 우리의 욕망에도 빚지며, 그 발전은 우리의 지식에 빚진다. 왜냐하면 우리가 사물을 원하거나 두려워할 수 있는 것은 그 사물에 대해 가질 수 있는 관념에 의거해서나, 아니면 자연의 단순한 충동에 의해서만 가능하기 때문이다. 그런데 미개인은 모든 종류의 지식이 결여되어 있기에 오로지 이 마지막 종류의 정념들밖에 경험하지 못한다. 그의 욕망은 자신의 육체가 필요로 하는 것을 넘어서지 않는다.(11*) 먹을 것, 여자, 그리고 휴식은 그가 이 세상에서 유일하게 경험하는 행복이다. 반면 고통, 배고픔은 그가 유일하게 두려워하는 불행이다. 다시 말하지만 죽음이 아니라 고통이다. 왜냐하면 동물은 죽는다는 것이 무엇인지 전혀 모를 것이기 때문이다. 죽음과 죽음에 대한 두려움을 아는 것이야말로 인간이 동물의 상태를 벗어나면서 가장 먼저 습득한 것들 중 하나다.

필요하다면, 나는 세상의 모든 국민에게 정신의 발달은 정확히 국민이 자연으로부터 받았거나 상황에 의해 국민에게 강요된 필요물에 비례하며, 따라서 그 필요물을 충족시키도록 자극하는 정념들에 비례한다는 사실을 통해 어렵지 않게 이러한 견해를 증명할 수 있을 것이다. 나는 기술이 이집트에서 나일 강의 범람과 함께 어떻게 생겨나 퍼져 나가는지를 예로 보여 줄 것이다. 나는 또 그리스인들의 기술의 발전을 추적해 보여 줄 것이다. 그 기술은 에우로타스 강의 비옥한 연안에서는 뿌리를 내리지 못하고 아티카의 사막이나 바위 사이에서 발아하고 성장하여 하늘을 찌를 듯 자라나는 것을 보게 될 것이다. 나는 또 일반적으로 북방 민족들이 남방 민족들보다 더 근면하다는 것을 지적할 것이다. 왜냐하면 마치 자연이 땅에는 주기를 거절하는 비옥함을 대신 정신에 줌으로써 누구에게나 평등하다는 것을 보여 주고 싶기나 한 것처럼, 북방 민족들은 근면하지 않고는 살아가기에 더 어렵기 때문이다.

그러나 불확실한 역사적 증거들에 의지하지 않더라도 모든 것이 미개인들로 하여금 미개 상태에서 벗어나게 하는 유혹과 그 수단들에서 벗어나게 하려는 것만 같다는 사실을 이해하지 못하는 사람이 누가 있겠는가? 미개인의 상상력은 자신에게 아무것도 묘사해 보여 주지 않으며, 마음은 자신에게 아무것도 요구하지 않는다. 그에게 별로 많지 않은 필요물은 그의 손이 미치는 곳에서 아주 쉽게 구할 수 있다. 더 넓은 지식을 원하려면 먼저 어느 정도의 지식이 필요한 법인데 지식이 너무 없기 때문에 예측력도 호기심도 가질 수 없다. 자연의 광경은 그에게 너무 익숙해져 관심을 끌지 못한다. 자연은 언제나 동일한 질서 속에서 변함없는 순환을 거듭한다. 그는 가장 경이로운 현상에 대해서조차 놀라워할 지력을 갖지 못하기에, 인간이 일상적으로 보아온 것을 관찰할 줄 알기 위해 필요로 하는 철학을 그에게 요구해서는 안 된다. 어떤 것에도 동요하지 않는 그의 영혼은 오로지 자신의 현재의 생존감에만 몰두하기에 아무리 가까운 미래라 할지라도 전혀 그에 대한 관념을 갖지 않는다. 그리하여 자신의 시야만큼이나 한정된 그의 계획들은 기껏해야 하루치의 계획에 머물 것이다. 카리브 사람들의 예측력은 오늘날까지도 아직 그 정도에 머물러 있다. 그들은 같은 날 저녁에 필요하리라는 것을 예측하지 못한 채 아침에 판 면 침대를 눈물을 흘리며 저녁에 되사러 온다.

이 문제에 대해 더 생각해 보면 볼수록 우리의 눈에는 순수한 감각에서 단순한 지식 사이의 거리가 더 멀어 보인다. 그리고 어떻게 인간이 의사소통의 도움이나 필요의 자극 없이 오로지 자신의 능력만으로 그토록 큰 간격을 뛰어넘을 수 있었는지를 납득하기란 불가능하다. 얼마나 긴 세월이 흐른 뒤에야 인간은 겨우 하늘의 불과 다른 불을 볼 수 있었을까? 자연계의 그 기본 원소에 대한 가장 보편적인 사용법을 터득하기 위해서는 얼마나 많은 우연이 필요했겠는가? 불을 다시 지피는 법을 습득할 때까지는 얼마나 여러 번 불을 꺼뜨렸겠는가? 그리고 그 비법은 매번 그것을 발견한 사람의 죽음과 함께 얼마나 여러 번 잊히지 않았겠는가? 그토록 많은 노동과 예측력이 요구되는 기술로, 다른 기술들과 관련되어 있으며 적어도 한 사회가 시작되지 않으면 실행이 불가능한 농업에 대해서 우리는 또 어떻게 말할 것인가? 그 기술은 대지가 식량을 공급해 주는 일에 없어도 되는 기술이 아니라 대지가 우리의 입맛에 가장 맞는 식량을 생산해 내도록 하는 기술인 것이다. 그런데 인간이 너무 늘어나 자연의 생산이 더 이상 인간을 먹여 살리기에 충분하지 않게 되었다고 가정해 보자. 말이 났으니 하는 말인데, 그 가정은 그런 상황 속의 인류에게는 큰 이점이라는 것을 보여 줄 것이다. 대장간도 작업장도 없는 미개인들의 손에 경작 도구가 하늘로부터 떨어짐으로써 쉴 새 없이 계속되는 노동에 대한 극도의 혐오를 이겨 내고, 아주 오래전부터 자신들의 필요물을 예측할 줄 알고, 땅을 갈아 씨를 뿌리고 나무를 심는 법을 생각해 내고, 밀을 빻고 포도를 발효시키는 기술을 발견했다고 가정해 보자. 그 모든 것은, 만일 그들 스스로 알아내지 못했다면 신들이 가르쳐주어야 했을 것들이다. 그렇지만 사람이든 동물이든 수확을 하러 가장 먼저 온 존재가 무차별적으로 탈취해 갈 경작에 고생을 쏟아부을 만큼 무분별한 인간이 있을까? 자기에게 필요할수록 그만큼 더 그 대가를 얻지 못할 것이 뻔한 고된 노동에 누가 일생을 바칠 결심을 할 수 있을까? 요컨대 땅이 그들 사이에 분배되어 있지 않는 한, 다시 말해 자연 상태가 사라지지 않는 한 어떻게 그런 상황에서 인간은 땅을 경작할 수 있겠는가?

설령 철학자들처럼 생각하는 기술이 능란한 한 미개인을 우리가 가정해 보고자 할지언정, 설령 철학자의 예를 따라 그 미개인을 철학자로 간주하고, 자기 혼자서 아주 숭고한 진리를 발견하며 아주 추상적인 일련의 추론을 통해 질서 전반에 대한 사랑이나 창조주의 그 잘 알려진 의지에서 비롯되는 정의와 이성에 대한 자신만의 원칙을 세울지언정, 요컨대 그의 정신이 지적 능력과 지식을 가지고 있다고 가정할지라도 실제로는 우둔하고 어리석어서 그 모든 형이상학을 전하지 못함으로써 그것을 생각해 낸 개인과 함께 사라져버릴 경우, 그 형이상학이 인간에게 유익한 것이 무엇이 있겠는가? 숲 속에서 동물들 사이에 흩어져 살고 있는 인류가 어떤 발전을 이룰 수 있겠는가? 정해진 주거지도 없으며 서로를 필요로 하는 것도 없어서 서로 알지도 못하고 말도 하지 않은 채 어쩌면 평생 두 번이나 겨우 만날까 말까 하는 사람들이 얼마나 자신을 개선시킬 수 있으며, 서로를 깨우칠 수 있겠는가?

우리가 말의 사용에 얼마나 많은 관념을 빚지고 있는지, 그리고 또 문법이 정신 작용을 얼마나 훈련하고 촉진하는지를 생각해 보라. 최초로 언어를 발명하는 데 들였어야 할 상상할 수 없는 많은 노력과 막대한 시간에 대해 생각해 보라. 이 성찰들을 앞서의 성찰들에 결부해 보라. 그러면 인간 정신 속에서 언어가 가능케 한 작용들을 계속해서 발달시키기 위해서는 얼마나 긴 세월이 필요했겠는지 판단하게 될 것이다.

언어의 기원[51]에 관한 난제들을 잠시 고찰하는 일을 허락해 주었으면 한다. 나는 여기에서 그 주제에 대해 콩디야크(Étienne B. Condillac) 사제가 이미 해놓은 연구를 인용하거나 전하는 것으로 만족하겠다. 그 연구는 내 견해를 전적으로 확인해 주며, 아마도 내게 가장 먼저 언어의 기원에 관한 생각을 해 보게 했을 것이다. 그러나 확립된 기호들의 기원에 대해 그 철학자가 제기한 문제 해결 방식은 내가 문제 삼고 있는 것, 즉 언어의 발명자들 사이에 이미 일종의 사회가 세워져 있었음을 가정했다는 것을 보여 주기에 나는 그의 고찰들을 참고하면서도 동일한 그 난제들을 나의 주제에 적합한 말로 설명하기 위해 내 고찰을 덧붙여야 할 필요가 있다고 생각한다. 우리가 마주치는 첫 번째 난제는 언어가 어떻게 필요하게 되었는지를 상상해 보는 것이다. 왜냐하면 인간은 그들 사이에 전혀 의사소통이 없었으며 그럴 필요도 없었기에 언어가 필요 불가결한 것이 아닌 이상 그 발명의 필요성이나 가능성도 상상하지 못하기 때문이다. 나도 정말 많은 다른 사람들처럼 언어는 아버지와 어머니, 그리고 자식들의 교제에서 생겨났다고 말하고 싶다. 그러나 그것은 반론들을 전혀 해결하지 못할 뿐만 아니라, 자연 상태에 대해 추론하면서 문명사회에서 얻어진 관념을 도입하여, 이를테면 가족이 항상 같은 집에 모여 사는 것으로 생각하고, 너무도 많은 공동의 이익에 의해 결합하고 있는 우리 시대의 가족들 사이에서처럼 가족 구성원이 밀접하고 지속적인 결합을 유지하고 있다고 생각하는 사람들처럼 오류를 범할 것이다. 그런데 그 반대로 그 원시 상태에서는 집도 오두막도 없으며 어떠한 종류의 재산도 없기에 각자는 되는대로 거주하며, 흔히 하루 저녁 같은 거처에서 보낼 뿐이다. 남성과 여성은 마주침과 욕정 등 경우에 따라 우연히 결합했기에 말은 그들이 서로에게 이야기해야 하는 것들에 대한 아주 긴요한 통역자가 되지 못했다. 그들은 만날 때처럼 그렇게 쉽게 서로 헤어졌다.(12*) 어머니는 처음에는 자기 자신의 필요에서 아이에게 젖을 먹인다. 그다음에는 젖을 먹이는 습관이 그녀에게 아이를 귀엽게 여기게 만들어 젖을 먹인다. 아이는 먹이를 구할 힘을 갖게 되자마자 어머니를 떠나버린다. 그러고는 서로의 시야에서 사라지지 않도록 하는 것 외에 다시 볼 수 있는 방법이 전혀 없기에 그들은 곧 서로를 알아보지 못하는 정도까지 이른다. 아이는 그의 모든 욕구를 표현해야 하기에, 따라서 어머니가 아이에게 할 말보다는 아이가 어머니에게 할 말이 더 많기에 언어 발명에 더 많은 노력을 기울여야 하는 것은 아이 쪽이었으며, 아이가 사용한 언어는 대부분 그 자신의 작품임에 틀림없다는 사실에 다시 한 번 유의할 필요가 있다. 그 때문에 언어 수는 그것을 말하려는 사람 수만큼 많아지는데, 떠도는 유랑 생활 또한 어떠한 관용어에도 확고하게 뿌리내릴 시간을 주지 않아 다시 언어 수의 증가에 기여한다. 왜냐하면 아이가 이런저런 것에 대한 자기 욕구를 표현하기 위해 사용해야 하는 말을 어머니가 가르쳐준다고 하는 것은 이미 형성된 언어를 어머니가 어떻게 가르치는지에 대해서는 아주 잘 보여 줄지 모르지만, 언어가 어떻게 형성되는지에 대해서는 전혀 가르쳐주지 못하기 때문이다.

그 첫 번째 난제가 극복되었다고 일단 가정해 보자. 그리하여 순수한 자연 상태와 언어의 필요 사이에 있었을 엄청난 간격의 세월을 잠시 뛰어넘어 보자. 그래서 언어가 필요하다고 가정하고(13*) 어떻게 그것이 확립될 수 있었는지에 대해 생각해 보자. 이는 앞의 것보다 훨씬 더 까다로운 문제다. 왜냐하면 만일 생각하는 법을 배우기 위해 인간에게 말이 필요했다면 말하는 기술을 발견하기 위해 생각하는 법을 알 필요가 있었을 것이기 때문이다. 그리고 설령 어떻게 목소리가 우리의 관념들의 관례적인 통역자로 간주되게 되었는지를 이해할 수 있을지언정, 감지될 수 있는 대상을 가지고 있지 않기 때문에 몸짓이나 목소리에 의해 지시될 수 없는 그 관념들에 대한 관례적인 통역자가 누구일 수 있었을까를 설명하는 일이 여전히 남는다. 그러므로 우리는 자신의 생각을 전달하고 정신과 정신 사이에 교류를 맺는 그 기술의 발생에 대한 용인할 만한 가설들을 가까스로 세울 수 있을 뿐이다. 이 숭고한 기술은 이미 그 기원으로부터 너무도 먼 곳에 와 있지만 철학자들은 완성 지점까지는 여전히 너무도 엄청난 거리가 남아 있다고 보기에, 설령 세월의 흐름이 필연적으로 가져오는 격변들이 이 기술을 위하여 정지될지라도, 또한 편견들이 아카데미에서 사라지거나 아카데미 앞에서 침묵을 지킴으로써 그 아카데미가 오랜 세월을 중단 없이 꼬박 그 까다로운 대상에 전념할 수 있을지라도 이 기술이 언제 완성될 것이라고 단언할 만큼 무모한 사람은 아무도 없다.

인간의 최초의 언어, 가장 보편적이고 힘이 있는 언어, 즉 모인 인간들을 설득할 필요가 있기 전에 필요로 했던 유일한 언어는 자연의 외침[52]이다. 이 외침은 급박한 때 일종의 본능에 의해서만 입 밖으로 나오는 것으로, 대단히 위험한 때에 도움을 간청하거나 몹시 아플 때 고통을 덜어주기를 부탁하기 위한 것으로, 보다 절제된 감정이 지배하는 일상생활에서는 많이 사용되지 않는다. 인간의 관념의 범위가 확대되고 그 수량이 많아지기 시작하여 그들 사이에 더 긴밀한 의사소통이 정착되면 인간은 더 많은 기호(signes)와 더 확대된 언어(langage)를 찾는다. 인간은 목소리의 어조 변화를 늘렸으며, 거기에 본래 더 표현적이며 그 의미가 이전의 어떠한 합의에도 그 종속성이 덜한 몸짓을 더한다. 그러므로 인간은 눈에 보이는 움직이는 대상을 몸짓으로 표현했으며, 귀에 들리는 대상은 소리시늉으로 표현했다. 하지만 몸짓은 앞에 보이거나 묘사하기에 쉬운 대상과 보이는 행동밖에 표현하지 못해, 어둡거나 어떤 한 물체가 대상을 가리면 무용해지기 때문에 보편적으로 사용되지 못하므로, 또한 주의를 불러일으키기보다는 오히려 주의를 요하므로, 인간은 마침내 몸짓을 목소리의 분절(이 분절은 몇몇 관념들과는 동일한 관계를 갖지 않지만 확립된 기호로서 모든 관념을 표현하는 데 몸짓보다 더 적합하다.)로 대체할 생각을 했다. 그 대체는 공동의 동의에 의해서만 가능할 수 있었다. 하지만 그것은 아직 훈련이 전혀 이루어지지 않은 조잡한 기관을 가진 사람들이 행하기에는 매우 어려웠으며, 그 자체로 이해하기는 훨씬 더 어려웠다. 왜냐하면 전원 일치의 합의는 어떤 동기가 부여되었어야 하기 때문이며, 말의 사용을 정착시키기 위해서는 말이 절대적으로 필요했다고 생각되기 때문이다.

인간의 정신 속에서, 그들이 사용한 최초의 단어들은 이미 형성된 언어들 속에서 사용되는 단어들보다 훨씬 더 확장된 의미를 지녔으며, 또한 언술(discours)은 그것을 구성하고 있는 여러 품사로 나눌 줄 몰랐기에 처음에는 각 단어에 절 전체의 의미를 부여했다고 생각해야 한다. 그들이 주어와 술어, 동사와 명사를 구분하기 시작했을 때(사실 그것만도 재능을 발휘한 상당한 노력이었다.) 명사들은 처음에는 고유명사 같은 것뿐이었으며, 부정법은 동사 시제의 전부였고 형용사의 개념은 아주 어렵게 발달했을 뿐이었다. 왜냐하면 모든 형용사는 추상적인 단어이며 추상화는 힘이 드는, 거의 자연적이지 않은 작용이기 때문이다.

각각의 사물은 처음에는 종과 속에 관계없이 어떤 특정한 이름을 부여받았다. 언어의 최초의 창시자들은 종과 속을 구분할 수 없었다. 모든 개체는 자연에 대한 그림에서 고립되어 묘사되는 것처럼 그들의 정신 속에 고립되어 떠올랐다. 만일 어떤 한 떡갈나무를 A라는 이름으로 불렀으면, 다른 떡갈나무는 B라고 불렀다. 따라서 지식이 한정되면 될수록 어휘 수는 더 많아졌다. 그 모든 명명법의 불편은 쉽게 제거되지 않았다. 왜냐하면 존재들을 총칭적인 공통의 명칭 아래 배열하기 위해서는 그 존재들의 속성과 상이점을 알아야 했기 때문이다. 그러기 위해서는 관찰과 정의가, 이를테면 그 시대의 사람들이 가질 수 있는 것보다 훨씬 더 많은 박물학과 형이상학이 필요했던 것이다.

　게다가 일반적인 관념은 단어의 도움에 의해서만 정신 속에 들어올 수 있으며, 지적 능력은 절(proposition)에 의해서만 그 관념을 파악한다. 그것이 바로 동물들이 그와 같은 관념을 형성하지 못하며, 관념에 의존하는 개선 가능성을 결코 얻지 못하는 이유 중 하나다. 원숭이가 어떤 한 호두에서 다른 호두로 주저 없이 시선을 옮길 때 과일 종류에 대해 일반적인 관념을 갖고 과일의 원형과 그 두 개체를 비교한다고 생각하는가? 분명히 그렇지는 않다. 하지만 그 호두 중 한 개를 보면 다른 것에서 받은 감각이 기억 속에 되살아난다. 그리하여 어느 정도 조절된 원숭이의 눈은 그 눈이 받아들이게 될 변화를 미각에 예고한다. 일반적인 관념은 어떤 것이든 순전히 지적이다. 조금이라도 상상력이 섞이면 관념은 즉각 개별적인 것이 되어버린다. 나무 일반의 그림을 마음속에 그려보라. 당신은 결코 성공하지 못할 것이다. 당신의 뜻에 반하여 크거나 작은, 잎이 무성하거나 성근, 색이 짙거나 연한 나무를 그리게 될 것이다. 만일 당신이 거기에서 모든 나무에 다 있는 것만을 그리려 한다면 그림은 더 이상 나무를 닮지 않을 것이다. 순전히 추상적인 존재들도 그와 마찬가지 방법으로 그려지거나, 언술에 의해서만 머릿속에 떠오른다. 삼각형의 정의만이 당신에게 삼각형에 대한 진정한 관념을 갖게 한다. 당신이 정신 속에 삼각형 하나를 그리자마자 그것은 특정한 한 삼각형이지 이미 다른 어떤 삼각형은 아니다. 그리고 당신은 삼각형의 선을 눈에 띄게 만들거나 면에 색을 칠하지 않을 수 없다. 그러므로 일반적인 관념을 갖기 위해서는 문장으로 표현해야 하며, 말을 해야 한다. 왜냐하면 상상력이 멈추자마자 정신은 언술의 도움에 의해서만 작동되기 때문이다. 그러므로 만일 최초의 발명자들이 그들이 이미 가지고 있던 관념들에만 명칭을 부여할 수 있었다면 그 결과로 최초의 명사들은 고유명사일 수밖에 없었다.

하지만 내가 납득하지 못하는 방법으로 우리의 새로운 문법학자들이 그들의 관념을 확대하고 단어들을 일반화하기 시작했을 때 발명자들의 무지는 이 방법을 아주 좁은 범위로 국한시키지 않을 수 없었다. 처음에 종과 속을 알지 못해서 개체들의 이름을 너무 늘렸던 것처럼 그들은 이번에는 존재들의 모든 상이점들을 구분하지 못했기에 너무도 적은 수의 종과 속을 만들었던 것이다. 더 세밀히 분류하기 위해서 그들은 그동안 가질 수 있었던 것보다 더 많은 경험과 지식이 필요했으며, 그동안 사용하고자 했던 것보다 더 많은 연구와 노력이 필요했다. 그런데 만일 지금까지 우리의 모든 관찰에서 벗어나 있던 새로운 종들이 매일, 심지어는 오늘까지도 발견되고 있다면 한번 생각해 보라, 사물을 그저 얼핏 보고서만 판단했던 사람들이 얼마나 많은 종을 놓쳤을지를! 기초적인 강(綱)들과 가장 일반적인 개념들 역시 틀림없이 그들이 발견하지 못했음을 더 이상 부언할 필요가 없다. 예를 들어 물질, 정신, 실체, 양식, 형상, 운동 같은 단어들의 개념을 그들이 어떻게 상상하거나 이해할 수 있었겠는가. 아주 오래전부터 그 단어들을 사용해 오고 있는 우리들의 철학자들조차 이해하기 매우 어려우며, 그 단어들에 부여하는 관념이 순전히 형이상학적이어서 그것에 대한 어떠한 모델도 자연 속에서 찾지 못했는데 말이다.

나는 이쯤에서 멈추겠다. 그리고 심사위원님들께 여기에서 이 논문 읽기를 중단해 주시기를 간청한다. 그것은 언어 부분 중 가장 발명하기 쉬운 부분이기도 한 구체적인 세계와 관련된

명사의 발명에만 기초하여, 언어가 인간의 모든 사고를 표현하거나 확실한 형태가 형성되어 공중에게 받아들여져 사회에 영향을 미칠 수 있기까지 아직 언어에 남아 있는 가야 할 길을 고찰해 주시기 바라기 때문이다. 또한 나는 심사위원님들께 수(14*)와 추상적인 단어와 아오리스트[53)]와 동사의 모든 시제와 소사[54)]와 통사론을 발견하고, 절과 추론을 연결하고, 언술 논리 전체를 만들어내는 데 필요했던 시간과 지식에 대해 고찰해 주시기를 간청한다. 늘어나는 어려움들이 두렵기도 하고 언어가 완전히 인간적인 수단에 의해 생겨나고 확립될 수 있었다는 사실에 대해 거의 논증 불가능성을 확신하는 나는 이 난제, 즉 언어의 발명을 위해서는 이미 사회가 존재하고 있어야 했는지, 아니면 사회를 이루기 위해 이미 언어가 발명되어 있어야 했는지, 둘 중 어느 쪽이 더 필요했는지에 관한 논의는 그 논의를 시도하고자 하는 사람에게 맡기겠다.

어쨌든 이런 기원들에서 우리는 적어도 자연이 인간들을 상호 필요에 따라 접근시키고 그들에게 말의 사용을 쉽게 하기 위해 들인 배려가 적었다는 사실에서 자연은 얼마나 그들의 사회성을 준비시키지 않았으며, 그들이 인간관계를 확립하기 위해 행한 모든 일에 자연이 얼마나 기여하지 않았는지를 보게 된다. 실제로 이런 원시 상태에서 왜 원숭이나 늑대가 그것들의 동류를 필요로 하는 것보다 오히려 인간이 다른 인간을 더 필요로 하는지 그 이유를 이해하기란 불가능하다. 설령 그 필요에 대해 추정할 수 있을지라도 어떤 동기가 다른 사람으로 하여금 그 필요를 충족시키게 할 수 있었을지, 더욱이 그렇게 할 수 있었을지라도 어떻게 그들이 서로 조건을 결정할 수 있었을지 역시 이해하기 불가능하다. 나는, 그 상태에 놓인 인간만큼 더 비참한 사람은 없었을 것이라고 우리에게 끊임없이 말하는 사람들이 있다는 것을 안다. 그리고 내가 증명했다고 생각하는데, 만일 수많은 세월이 흐른 뒤에야 비로소 인간이 그 상태를 벗어나려는 욕망이나 기회를 가질 수 있었던 것이 사실이라면 그것은 자연을 탓할 일이지 자연이 그렇게 만든 인간을 탓할 일은 아닐 것이다. 하지만 만일 내가 '비참한(misérable)'이라는 이 어휘를 잘 이해하고 있다면 그것은 아무 의미가 없거나 아니면 고통스러운 결핍과 육체나 영혼의 고통만을 의미하는 단어다. 그런데 나는 마음이 평화롭고 신체가 건강한 자유로운 존재에게 그런 종류의 비참함이 어떤 것일 수 있는지 누가 내게 설명 좀 해 주었으면 한다. 나는 문명화된 삶과 자연적인 삶 가운데 어느 쪽이 그것을 향유하는 사람들에게 더 견딜 수 없게 되기 쉬운지 묻는다. 우리는 우리 둘레에서 자신의 삶을 불평하는 사람들밖에 보지 못하며, 실제로 그들 중 여러 사람은 할 수 있는 한 자신의 삶을 포기한다. 그리고 신의 제재와 인간의 법을 합쳐도 그 무질서를 막는 데 겨우 족할 뿐이다. 그러나 나는 자유로운 미개인이 삶을 불평하며 자살할 생각을 했다는 말을 일찍이 들어 본 적이 있는지 묻는다. 그러니 어느 쪽이 진정으로 비참한지를 좀 더 겸허하게 판단해 보라. 그 반대로 지식에 의해 오히려 눈이 멀고 정열에 의해 고통스러워하며 자신과 다른 상태에 대해 생각해 보는 미개인이 있었다면, 그 미개인보다 더 비참한 존재는 없었을 것이다. 미개인이 지니고 있는 잠재적인 능력이 때 이르게 나타나 쓸데없거나 부담스러운 것이 되지 않으며 정작 필요할 때에는 늦게 나타나 쓸모없지 않도록 그 능력의 사용 기회가 있을 때에만 비로소 발달하게 되는 것은, 다름 아닌 아주 사려 깊은 신의 덕택이었다. 미개인은 자연 상태에서 살기 위해 필요한 모든 것을 본능 속에 다 가지고 있었으며, 사회생활을 하는 데 필요한 모든 것을 계발된 이성 속에 다 가지고 있었다.

처음에는 그 상태의 인간은 그들 사이에 어떠한 종류의 도덕적 관계나 주지(周知)의 의무도 갖지 않아서 선하거나 악할 수도 없었으며 악덕이나 미덕도 갖고 있지 않았던 것 같다. 이 단어들을 물리적인 의미로 받아들여 개인 안에 있는 악덕을 자기 보존에 해로울 수 있는 성질의 것으로, 반면 미덕을 자기 보존에 기여할 수 있는 것(이 경우에는 자연의 단순한 충동에 가장 순종하는 사람을 가장 덕이 있는 사람이라고 불러야 할 것이다.)으로 부르지 않는 한 말이다. 그러나 통상적인 의미에서 벗어나지 않으면서 불편부당하게 다음의 사항을 검토할 때까지는 그런 상태에 대해 내릴 수 있는 판단을 중지하는 것과 편견을 경계하는 것이 사려 깊은 일일 것이다. 즉, 문명인들 사이에 악덕보다 미덕이 더 많은지, 그들의 미덕은 악덕이 해로운 것 이상으로 더 유익한지, 그들의 지식의 발전이 서로에게 행해야 할 선을 배움에 따라서 서로에게 행하는 악을 충분히 상쇄해 주는지, 요컨대 보편적인 의존관계에 복종하여 그들에게 아무것도 줄 의무가 없는 사람들로부터 모든 것을 받아내야 하는 것보다는 누구에 대해서도 두려워해야 할 악도 기대해야 할 선도 없는 것이 더 행복한 상태가 아닌지 검토하기 전까지는 말이다.

특히 홉스처럼 인간은 선이 어떤 것인지 모르기 때문에 악하게 태어났으며, 미덕을 모르기 때문에 악덕에 젖어 있으며, 동료 인간들에 대한 봉사를 의무로 생각하지 않기 때문에 봉사를 계속해서 거절하며, 자신에게 필요한 것을 정당하게 제 것이라고 주장하는 권리에 근거하여 자기가 우주 전체의 유일한 주인이라고 터무니없이 생각한다는 등의 결론은 내리지 말자. 홉스는 자연법에 관한 모든 근대적인 정의의 결함을 아주 잘 알고 있었다. 그렇지만 그가 자신의 정의에서 끌어낸 결론은 자연법에 대한 그 자신의 개념도 마찬가지로 틀렸다는 것을 보여 준다. 자신이 세운 원리들에 대해 추론할 때 홉스는, 자연 상태는 우리의 자기 보존 노력이 타인의 자기 보존에 가장 덜 해로운 상태이기 때문에 결과적으로 자연 상태는 평화에 가장 도움이 되며 인류에 가장 적절하다고 말해야 했다. 그런데 미개인의 자기 보존 노력 속에, 사회의 소산이며 법을 필요로 하게 만든 수많은 정념을 만족시키고 싶다는 욕망을 까닭 없이 끼워 넣은 결과 정반대로 말하고 말았다. 그는 악인은 건장한 아이라고 말한다. 미개인이 건장한 아이인지는 아직 모른다. 설령 그의 그 주장에 동의한다 할지라도 그가 그로부터 내릴 결론은 어떤 것일까? 건장하다고 하더라도 만일 그가 약할 때만큼이나 타인들에게 의존적이라면 그는 어떤 방종이라도 마다하지 않을 것이다. 즉, 그는 어머니가 너무 늦게 젖을 주면 그녀를 때릴 것이며, 어린 동생이 성가시게 할 때에는 목을 졸라버릴 것이며, 다리가 부딪히거나 방해받을 때엔 동생의 다리를 물어뜯어 버릴 것이다. 그런데 건장한데도 의존적인 것은 자연 상태에서는 두 모순된 가정이다. 인간은 의존적일 때 약하다. 그러니 자유로워야 건장해진다. 홉스는 우리의 법학자들이 주장하는 것처럼, 미개인들이 그들의 이성을 사용하지 못하게 하는 그 이유가, 바로 그 자신이 그렇게 주장하는 것처럼, 미개인들로 하여금 그들의 능력을 사용하지 못하게 한다는 사실을 알지 못했다. 따라서 미개인들은 선하다는 것이 무엇인지 모른다는 바로 그 이유에서 악하지 않다고 말할 수도 있을 것이다. 왜냐하면 그들이 악을 행하지 못하도록 하는 것은 지적 능력의 발달도 아니고 법의 규

제도 아닌, 정념이 평정을 유지하고 아예 악덕을 알지 못하기 때문이다. "그들이 악덕을 알지 못하는 것은 다른 사람들이 미덕을 아는 것보다 더 유익하다."[55] 그뿐 아니라 홉스가 알아채지 못했던 또 다른 원리가 하나 있다. 그 원리는 어떤 상황에서 강렬한 이기심(Amour propre)이나 그 이기심(15*)이 생겨나기 전에 자기 보존 욕구를 완화하기 위해 인간에 주어진 원리로, 자신의 동료 인간이 고통을 겪는 것을 보는 것에 대한 선천적인 혐오감에서 자신의 안녕에 대한 열망을 완화시킨다. 인간의 미덕을 극단적으로 매도하는 자[56]이지만 인정하지 않을 수 없었던 하나밖에 없는 자연적인 미덕을 인정한다고 해서 내가 전혀 모순을 범하지 않으리라고는 생각하지 않는다. 나는 우리처럼 약하고 불행을 많이 겪을 수밖에 없는 존재들에게 부합하는 자질인 동정심에 관해 말하고 있다. 그 미덕은 모든 반성의 습관에 앞서는 만큼 인간에게 더욱 보편적이고 유익하며 너무도 자연적이어서 동물조차도 때로 그에 대한 뚜렷한 표시를 보인다. 새끼에 대한 어미의 사랑과 새끼를 위험으로부터 지키기 위해 맞서는 일은 말할 것도 없고, 말이 어떠한 살아 있는 몸도 밟기 싫어하는 것을 매일 우리는 관찰한다. 동물은 죽은 동종의 동물 곁을 지날 때면 언제나 불안을 느낀다. 매장 같은 것을 해주는 동물들도 있다. 도살장으로 들어가는 동물의 울음소리는 그 동물에 충격을 주는 끔찍한 광경에서 받는 반응을 말해 준다. 『꿀벌의 우화』의 저자[57]가 인간을 동정적이고 정이 많은 존재라는 것을 인정하지 않을 수 없게 보여 주는 그에 대한 예에서, 자신의 냉철하고 예리한 문체로부터 벗어나는 것을 보고 우리는 즐거워한다. 그 예는 갇혀 있는 한 인간의 비장한 모습을 보여 주는데, 그는 밖에서 맹수 한 마리가 아이를 어머니의 품에서 낚

아채어 치명적인 이빨로 아이의 연약한 사지를 으스러뜨리고 꿈틀거리는 내장을 발톱으로 찢는 것을 목격한다. 개인적인 이익과는 아무런 관련이 없지만 그 사건의 목격자의 마음은 얼마나 끔찍한 동요를 느끼겠는가. 실신한 어머니와 죽어가는 아이에게 아무런 도움도 주지 못하는 그는 그 장면을 보면서 얼마나 큰 비통함을 느끼겠는가.

그것이 바로 모든 반성 이전 자연의 순수한 충동이며, 가장 타락한 풍속조차도 여전히 사라지게 하기 어려운 선천적인 동정심의 힘인 것이다. 왜냐하면 우리는 매일 극장에서 폭군의 자리에 있었더라면 자신의 적에게 더 큰 고통을 주었을 그런 인간이 불우한 사람의 불행을 동정하며 눈물 흘리는 것을 보기 때문이다. 맨더빌(Bernard Mandeville)은 만일 자연이 인간에게 이성을 뒷받침하기 위해 동정심을 주지 않았다면 그들의 모든 도덕에도 불구하고 인간은 괴물에 지나지 않았을 것임을 분명히 느꼈던 것이다. 하지만 그는 자신이 부인하고 싶어 했던 인간의 모든 사회적인 미덕이 그 독특한 자질에서 비롯된다는 것을 간과했다. 사실 관대랄지 관용이랄지 인간애랄지 하는 것들이 약자와 죄인, 혹은 인간 일반에 기울이는 동정심이 아니고 무엇이겠는가? 친절뿐만 아니라 우정까지도 잘 생각해 보면 특정한 대상에 쏟는 변함없는 동정심의 결과인 것이다. 누군가가 고통받지 않기를 바라는 것은 그가 행복하기를 바라는 것과 무엇이 다른가? 동정심은 우리를 고통받는 자의 입장에 서보게 하는 감정일 뿐으로, 미개인들 사이에서는 잘 알려지지는 않았음에도 불구하고 강한 반면, 문명인들 사이에서는 발달은 되었지만 약한 감정인 것이 사실이다. 그렇더라도 그 사실은 내 주장의 진실성에 힘을 더 실어주는 것 외에 무엇이겠는가? 사실, 목격하는 동물이 고통을 당하는 동물과 더 긴밀하게 일체감을 가지면 가질수록 동정심은 더 강해질 것이다. 그런데 그러한 일체화가 이성적 사유의 상태에서보다 자연 상태에서 한없이 더 긴밀했음에 틀림없었던 것은 분명한 사실이다. 이기심을 낳는 것은 이성이며, 그 이기심을 강화하는 것은 반성이다. 바로 그 반성이 인간으로 하여금 자신을 돌아보게 하며, 자신을 방해하고 괴롭히는 모든 것으로부터 떼어놓는다. 그를 고립시키는 것은 철학이며, 고통을 당하는 사람을 보면서 "당신이 원하면 죽어라. 나는 안전하다."라고 몰래 중얼거리는 것도 철학 덕분이다. 철학자의 평화로운 잠을 방해하며 그를 침대에서 끌어내는 것은 사회 전체의 위험들밖에 없다. 사람들은 철학자의 창문 밑에서 아무 탈 없이 동료 인간의 목을 조를 수 있다. 그는 손으로 귀를 막고 어떤 핑계를 대며 자기 내부에서 분노하는 자연으로 하여금 살해당하는 사람과 자기를 일체화시키지 못하게만 하면 되기 때문이다. 미개인은 그런 놀라운 재능을 전혀 가지고 있지 않다. 그리고 지혜와 이성이 없기에 항상 인류의 최초 감정에 무턱대고 몸을 맡긴다. 폭동이나 거리의 싸움을 보고 하층민은 주위로 모여들지만 신중한 사람은 멀리 달아나 버린다. 싸움꾼들을 떼어 말리고 정직한 사람들이 서로 목을 조르지 못하게 막는 것은 바로 그 하층민들이거나 시장의 아낙네들이다.

그러므로 동정심은 각 개인에게 자기애의 활동을 완화시킴으로써 인류 전체의 상호적인 자기 보존에 기여하는 천성적인 감정인 것이 확실하다. 우리 눈앞에서 고통받는 사람들을 도우러 깊은 생각 없이 달려가게 하는 것이 바로 그 동정심이다. 자연 상태에서, 자연의 다정한 목소리에 아무도 거역하고 싶어지지 않는 그 장점으로 인해 법과 미풍양속과 미덕을 대신하는 것도 바로 그 동정심이다. 모든 건장한 미개인으로 하여금 만일 자신이 다른 곳에서 자기 것을 얻을 수 있다고 기대하는 한, 약한 아이나 허약한 노인에게서 그들이 힘들게 얻은 식량을 탈취하는 것을 단념케 하는 것 또한 그 동정심이다. "무엇이든지 남에게 대접을 받고자 하는 대로 너희도 남을 대접하라."[58]는 말과 같은 합리적인 정의의 그 숭고한 금언 대신에, 모든 사람에게 "가능한 한 타인에게 해를 덜 끼치면서 너를 행복하게 하라." 같은, 앞의 금언보다는 완전함이 훨씬 덜하지만 어쩌면 더 유용한 선천적인 선함에 대한 또 하나의 원리를 마음에 품게 하는 것도 바로 그 동정심이다. 요컨대 교육의 원칙들과는 더더욱 관계없이—모든 인간이 느끼는—악한 행동에 대한 혐오의 동기를 찾아야 할 곳은 교묘한 논거들 속에서보다는 오히려 이 천성적인 감정에서인 것이다. 이성에 의해 미덕을 습득하는 것은 소크라테스나 그의 부류의 일일 수 있을지 모르지만, 만일 인류의 자기 보존이 인류를 구성하는 사람들의 이성에만 달려 있었다면 인류는 이미 오래전에 사라지고 없을 것이다.

거의 활동적이지 않은 정념과 아주 유익한 억제력을 가진 그 사람들은 악하기보다는 거칠며, 타인에게 고통을 주기보다는 타인으로부터 받을 수 있는 고통으로부터 자신을 보호하는 데 더 신경을 썼기에 아주 위험한 다툼에 쉽게 말려들지 않았다.[59] 그들은 자기들 사이에 어떠한 교류도 없었기에, 결과적으로 허영심도 배려도 존중도 경멸도 몰랐기에, 네 것 내 것에 대한 개념도 정의에 대한 진정한 관념도 전혀 가지고 있지 않았기에, 자기들이 당할 수 있는 폭력을 응징해야 할 모욕이 아닌 쉽게 보상받을 수 있는 고통쯤으로 생각했기에, 누가 던지는 돌을 덥석 무는 개처럼 기계적이고 즉각적인 반응을 하는 경우를 제외하면 보복에 대해 생각조차 하지 않았기에, 그들의 다툼은 먹이에 대한 것만큼 예민한 문제가 아닌 이상 피를 흘리는 결과는 초래하지 않았다. 그렇지만 더 위험한 문제 하나가 떠오르는데, 그에 대해 언급을 해야겠다.

인간의 마음을 동요시키는 정념들 중에는 양성(兩性)을 서로에게 필요하게 만드는 강력하고 열렬한 정념이 하나 있는데, 그 정념은 모든 위험에 맞서고 온갖 장애를 극복하지만 격렬해질 경우 인류로 하여금 자기 보존을 하라고 있는 것이 되레 인류를 파멸시키기에 적합한 것 같다. 사랑을 차지하려고 매일 피를 흘리는 것 같은, 자제도 하지 않고 파렴치하게 그 야만적인 집착에 사로잡힐 경우, 인간은 어떻게 될 것인가?

정념이 난폭해지면 질수록 그것을 억제하기 위해 법이 더 필요하다는 점을 먼저 인정해야 한다. 하지만 무질서와 그 무질서가 하루같이 야기하는 범죄는 이 점에서 법의 불충분성을 여실히 보여 주지만, 그 무질서가 법 자체와 함께 태어난 것은 아닌지 검토해 본다면 더더욱 좋을 것이다. 그럴 경우, 법이 무질서를 진압할 수 있을지라도 사람들이 그 법으로부터 요구하게 되는 것으로는, 법이 없으면 존재하지도 않을 해악을 막아주는 것밖에 없기 때문이다.

사랑의 감정 속에 있는 정신적인 면과 육체적인 면을 구분[60]하는 것부터 시작하자. 육체적인 면은 양성으로 하여금 서로 결합하게 하는 그 보편적인 욕망이다. 정신적인 면은 그 욕망을 야기하여 오로지 하나의 대상에 고정시키거나, 적어도 선택된 대상에 대한 욕망에 훨씬 더 강렬한 정력을 갖게 하는 것이다. 그런데 사랑의 정신적인 면은 인위적인 것으로 사회 관습에서 생겨난 것이며, 여성들이 그들의 지배력을 확립하기 위함과 동시에 다른 한편으로는 자기들이 복종해야 할 성(남성)을 우위에 서게 하기 위해[61] 아주 교묘하고 주의 깊게 그녀들에 의해 찬양되는 감정이다. 그 감정은 미개인이 지닐 수 없는 어떤 가치나 미에 대한 관념과, 미개인이 행할 수 없는 비교에 바탕을 두고 있기에 그에게는 거의 무가치한 것임에 틀림없다. 왜냐하면 미개인의 정신이 자기도 모르는 사이에 그런 관념들의 적용에서 생겨나는 균형과 조화 같은 추상적인 관념을 만들어낼 수 없었던 것처럼 그의 마음은 찬미니 사랑이니 하는 감정들 역시 만들어낼 수 없었기 때문이다. 그는 오로지 자연으로부터 받은 관능적 욕구에 따를 뿐이지 그가 습득하지 못한 취향에 따르지 않는다. 그러기에 그는 여성이라면 어떤 여성이든 다 좋다.

사랑의 육체적인 면에만 한정되어 사랑의 감정을 자극하거나 어려움을 증대시키는 사랑의 대상의 선택이 무엇인지 모를 만큼 행복한 사람들은 관능적 욕구를 덜 빈번하게 느끼며 그 강도 또한 덜함에 틀림없는데, 결과적으로 그들 사이에 벌어지는 싸움이 더 드물고 잔인함이 덜함에 틀림없다. 우리 사이에서는 너무도 큰 피해를 입히는 상상력이 미개인들의 가슴에는 전혀 일어나지 않는다. 저마다 자연의 충동을 조용히 기다려서는, 이것저것 생각하지 않고 격렬하다기보다는 즐겁게 그 충동에 몸을 맡긴다. 그리하여 욕구가 충족되면 모든 욕망은 꺼져버린다.

그러므로 다른 모든 정념과 함께 사랑 또한 인간에게 너무도 자주 불행을 초래하게 만드는 그 격렬한 열정을 사회 속에서 습득한 것임은 이론의 여지가 없는 사실이다. 그러므로 미개인들을 묘사할 때 자신들의 야수성을 충족시키기 위해 끊임없이 서로 목을 조르는 것으로 묘사하는 것은 그런 견해가 경험과 정면으로 대치되는 만큼, 그리고 또 현존하는 민족 중 지금까지 자연 상태로부터 가장 덜 벗어난 민족인 카리브인들은 그 정념에 더 큰 활기를 불어넣을 듯한 후끈한 기후 속에서 살고 있음에도 불구하고 사랑에서 확실히 가장 평온하고 가장 질투에 덜 사로잡히는 만큼 더욱더 터무니없다.

여러 종류의 동물에서 암놈을 서로 차지하기 위해 시종 가끔 사육장을 피로 물들이거나 봄철에 날카로운 소리를 숲에 울려 퍼지게 만드는 수컷들의 싸움으로부터, 자연이 양성 사이의 힘의 관련 차원에서 분명히 우리 인간 사이에서와는 다른 관계를 설정해 놓은 종류의 동물은 모두 제외시키는 것에서부터 시작할 필요가 있다는 결론을 얻을 수 있을 것이다. 그러므로 수탉들의 싸움은 인간에 대한 어떠한 추론의 근거도 제시하지 못한다. 암수의 비율이 가장 잘 지켜지고 있는 동물들에서 그 싸움의 이유로는 수컷 수에 비해 암컷 수가 부족하거나 아니면 암컷이 수컷의 접근을 계속해서 거부하는 수컷 배척 기간(이 이유 역시 결국 첫 번째 이유에 귀착된다. 왜냐하면 만일 각 암컷이 일 년에 두 달만 수컷을 허용한다면 그 점에서 암컷의 수는 마치 6분의 5가 줄어든 것과 같기 때문이다.)밖에 있을 수 없다. 그런데 일반적으로 여성 수가 남성 수보다 많으며, 미개인들 사이에서조차 여성이 다른 종의 암컷처럼 발정과 배척 기간을 갖는 것이 전혀 관찰되지 않은 인류에게는, 이 두 경우 중 어떤 경우도 적용될 수 없다. 게다가 그 동물들 중 여러 종에서는 종 전체가 한꺼번에 흥분 상태에 들어가기 때문에 공동의 격정과 소란과 무질서와 싸움이 일어나는 무시무시한 순간이 온다. 그런 순간은 사랑이 전혀 주기적이지 않은 인류에게는 오지 않는다. 그러므로 암컷을 소유하기 위한 몇몇 동물들의 싸움이 자연 상태 속의 인간에게도 일어날 것이라고 결론지을 수는 없다. 그리고 비록 그런 결론을 내릴 수 있을지라도 그 싸움이 결코 다른 동물들을 사라지게 하지 않기에, 우리는 적어도 그 싸움이 인류에게 해롭지는 않을 것이라고 생각해야 한다. 그리고 그 싸움이 사회에서보다 자연 상태에서 피해를 훨씬 덜 입힐 것이라는 것은 아주 명백하다. 특히 풍습이 아직 상당히 유지되고 있어서 애인들의 질투와 남편들의 복수가 매일 결투와 살인과 그보다 더 심한 일들을 야기하는 나라들이나 변치 않는 정절의 의무가 불륜의 사랑을 양산하는 데 이용될 뿐인 나라들, 또는 순결과 정조에 관한 법률조차 방탕한 행위를 필연적으로 늘어나게 하고 낙태를 증가시킬 뿐인 나라들보다는 말이다.

그러므로 다음과 같은 결론을 내리자. 즉, 일도 언어도 집도 전쟁도 서로 간의 교류도 없이 숲 속을 이리저리 돌아다니는 미개인은 다른 동료 인간의 필요를 전혀 느끼지 않았을 것이고, 해칠 욕구도 없었을 것이며, 그들 중 누구도 개인적으로 알려고도 하지 않았을 것이다. 그는 정념에도 거의 지배받지 않고 자족하면서 그 상태에 알맞은 감정과 지식만을 가졌으며, 자신의 진정한 필요만을 느꼈고, 보는 것이 재미있다고 생각되는 것만 바라보았다. 그리고 그의 지능은 허영심만큼이나 발달하지 못했다. 설령 우연히도 그가 어떤 발견을 했다손 치더라도 자기 자식조차 알아보지 못했던 만큼 더더욱 그 발견을 타인에게 전하지 못했다. 기술은 그 발명자의 죽음과 함께 잊혀 버렸다. 교육도 진보도 없었으며, 세월은 오랫동안 무용하게 흘러갔다. 그리하여 각각의 세대는 언제나 동일한 지점에서 출발했으며, 오랜 세월 동안 인류 초기에서처럼 전혀 발전 없이 흘러갔다. 인류라는 종은 이미 늙었는데도 인간은 여전히 어린아이로 머물러 있었다.

내가 이토록 길게 원시 상태의 가설에 대해 상술한 것은, 제거해야 할 오랜 오류와 뿌리 깊은 편견들이 있기에 그것들을 뿌리까지 파헤쳐서, 진정한 자연 상태의 그림을 통해 불평등이, 자연적인 불평등조차도 우리의 저자들이 주장하는 만큼의 현실성과 설득력을 갖는 것과는 거리가 멀다는 것을 보여 주어야 한다고 생각했기 때문이다.

　사실, 사람들을 구분 짓는 차이 가운데 몇 가지는 자연적인 것으로, 사람들이 사회 속에서 취하는 습관이나 서로 다른 생활 양식의 소산이다. 그러므로 건장한 체질이나 허약한 체질의 결과인 튼튼함과 약함은 흔히 신체의 근원적 체질에서 온다기보다는 기를 때 강하게 기르느냐 아니면 유약하게 기르느냐 하는 차이에서 온다. 정신적인 능력도 마찬가지다. 교육은 계발된 정신과 그렇지 않은 정신 사이의 차이를 만들 뿐만 아니라, 계발된 정신들 사이에서도 계발 정도에 비례하여 차이가 벌어진다. 왜냐하면 거인과 난쟁이가 같은 길을 걸어갈 때 그들이 걷는 발걸음 수만큼 거인에게 유리해지기 때문이다. 그런데 만일 문명 상태의 다양한 계층에서 보이는 각양각색의 교육과 생활을, 단순하고 단조로운 동물과 미개인의 삶(그 생활에서는 동물이나 인간 모두가 같은 먹거리와 같은 삶의 방식을 취하며, 정확히 같은 일을 한다.)과 비교를 해보면 얼마나 인간들 사이의 차이가 자연 상태에서보다 사회 상태에서 더 큰지, 얼마나 인간에게서는 자연적인 불평등이 제도의 불평등에 의해 한층 더 커지게 되는지를 이해할 것이다.

　하지만 자연이 자신의 선물의 분배에서 사람들이 주장하는 만큼의 편애를 떨지라도 그들 사이에 거의 어떠한 상호 관계도 허락하지 않는 상태라면, 가장 선물을 많이 받은 사람들이 타인들을 헤쳐 가며 얻을 수 있는 이득이 무엇이 있단 말인가? 사랑이 없는 곳에 아름다움이 무슨 소용이 있는가? 말을 하지 않는 사람들에게 재치가 무슨 소용이며, 타인들과 교류를 하지 않는 사람들에게 술책이 무슨 소용이 있는가? 나는 강자들이 약자들을 억압한다는 말을 끊임없이 듣는다. 그런데 '억압'이라는 말이 무엇을 의미하는지 내게 좀 설명을 해주었으면 좋겠다. 어떤 사람들이 폭력으로 지배하면, 또 다른 사람들은 그들의 온갖 전횡에 굴복하여 신음할 것이다. 이것은 내가 정확히 우리 사이에서 관찰하는 일이다. 그러나 미개인들에 대해서는 어떻게 말할 수 있을지 모르겠다. 그들에게는 예속과 지배가 무엇인지 이해시키기조차 아주 어려울 테니 말이다. 인간은 다른 인간이 수확한 과실을, 다른 인간이 죽인 사냥감을, 다른 인간이 도피처로 이용하는 동굴을 가로챌 수 있을 것이다. 그렇지만 그가 어떻게 다른 인간을 복종시키겠는가? 게다가 아무것도 소유하고 있지 않은 사람들 사이에 어떤 종속의 쇠사슬이 있을 수 있겠는가? 만일 누가 나를 한 나무에서 쫓아내면 나는 다른 나무로 가면 될 뿐 별일 없이 끝날 것이다. 만일 누가 한 장소에서 나를 괴롭히면 내가 다른 곳으로 가는 것을 누가 막을 것인가? 나로 하여금 자신의 생존에 필요한 것을 공급하도록 강요할 만큼 나보다 힘이 세면서, 타락하고 나태하며 가혹하기까지 한 인간이 있는가? 그렇다면 그는 한순간도 내게서 눈을 떼지 말아야 하며 잠을 자면서도 주의를 크게 기울여 나를 자기에게 묶어둘 결심을 해야 한다. 내가 도망치거나 자기를 죽일까 두려우니 말이다. 이를테면 그는 그가 피하려고 하는 고통보다, 그리고 또 그 자신이 내게 주는 고통보다 훨씬 더 큰 고통에 스스로를 내맡겨야 한다. 아무리 그렇게 하더라도 잠시 그의 주의가 소홀해지거나 뜻밖의 소리로 시선을 돌리면 나는 숲 속으로 이십 보쯤 몸을 숨긴다. 그러면 나를 얽어맨 쇠사슬은 끊어지고 말며 그는 평생 나를 다시 보지 못한다. 이런 세세한 이야기를 시시콜콜 계속하지 않더라도 예속의 끈은 인간들의 상호 의존과 그들을 결합하는 상호 필요에서만 형성되기 때문에, 다른 사람 없이 살아갈 수 있는 상황에 두지 않는 한 인간을 노예로 만드는 일은 불가능하다는 사실을 누구나 알아야 한다. 그것은 자연 상태에서는 존재하지 않는 상황으로, 그 상황에서는 각자가 속박으로부터 자유로우며 강한 자의 법은 쓸모없이 되고 만다.

자연 상태에서 불평등은 거의 감지되지 않는다는 것과 불평등의 영향도 거의 없다는 것을 증명했으니, 이제 내게 남은 일은 불평등의 기원과 확대를 인간 정신의 지속적인 발달 속에서 보여 주는 것이다. 개선 가능성, 사회적인 미덕, 자연인이 잠재적으로 받은 또 다른 능력들은 결코 스스로 발달될 수 없었다는 것과, 따라서 그 발달을 위해서는 여러 외부 원인들(그 원인들은 결코 생겨나지 않을 수도 있었으나 그것들이 없었다면 자연인은 영원히 원시적인 상태로 머물러 있었을 것이다.)의 우연의 도움이 필요했다는 것을 증명했으니 이제 내게 남은 일은 인류의 종을 망가뜨리면서 인간 이성을 발전시키고, 사회를 이루어 살게 함으로써 인간을 악하게 만들며, 너무도 먼 시발점으로부터 마침내 우리가 보고 있는 현재 상황까지 인간과 세계를 끌고 올 수 있었던 갖가지의 우연들을 검토하고 비교하는 일이다.

나는 내가 묘사해야 하는 사건들이 여러 가지 양태로 일어날 수 있는 것이기에 오로지 추측 이외의 다른 선택이 있을 수 없음을 고백한다. 그러나 이 추측들은, 그것들이 사물의 본성으로부터 끌어낼 수 있는 가장 가능성이 있는 것들이며 진리의 발견을 위해 가질 수 있는 유일한 수단들일 때만 논거가 된다. 그렇다고 내가 추측들로부터 도출해 내고자 하는 결론까지 추측에 의하지는 않을 것이다. 왜냐하면 내가 앞에서 확립한 원리들에 기초하는 한 내게 동일한 결과를 제공하지 않는, 그리고 또 내가 동일한 결론을 끌어낼 수 없는 다른 체계를 만들어낼 수는 없기 때문이다.

이로써 나는 다음과 같은 점들에 대한 성찰을 확대하지 않아도 될 것이다. 즉, 경과된 시간이 사건들의 미덥지 않은 신빙성을 어떻게 보완할 것인가 하는 점, 아주 하찮은 원인도 그것이 쉬지 않고 작용[62]하면 놀라운 힘을 미친다는 사실, 어떤 가설들은 사실과 같은 정도의 확실성은 확보하지 못하지만 파괴는 불가능하다는 점, 두 사실이 모르거나 아니면 모르는 것으로 간주되는 일련의 매개 사실에 의해 연결되어야 하는, 실재하는 것으로 주어졌을 때 그 두 사실을 연결하는 사실들을 제시하는 것은, 역사가 있을 경우, 바로 그 역사의 몫이며, 역사가 없을 경우 철학이 그것들을 연결할 수 있는 유사한 사실을 결정해야 한다는 점, 마지막으로 여러 사건들에서 유사성은 사람들이 상상하는 것보다 사실들을 훨씬 적은 수의 다른 분류들로 축소시킨다는 점 등이 그것이다. 나로서는 이 주제들을 심사위원님들께 검토 대상으로 제공함으로써 평범한 독자들까지 검토할 필요가 없게끔 한 것으로 만족한다.

2부

 한 땅에 울타리를 치고 "이것은 내 것이야."라고 말할 생각을 해내고, 다른 사람들이 그 말을 믿을 만큼 순진하다고 생각한 최초의 인간이 문명사회의 실제 창시자다. 말뚝을 뽑아버리거나 땅의 경계로 파놓은 도랑을 메우면서 동류의 인간들에게 이렇게 고함을 친 사람이 있었다면 그는 인류에게 얼마나 많은 범죄와 전쟁과 살상과 불안과 공포를 면하게 해주었을 것인가. "여러분, 저 사기꾼의 말을 듣지 마시오. 만일 과일은 우리 모두의 것이고, 땅은 어느 누구의 것도 아님을 망각하면 당신들은 파멸이오." 그러나 그땐 이미 상황이 더 이상 이전처럼 지속될 수 없을 정도가 되어버린 것 같다. 왜냐하면 연달아 생겨날 수밖에 없었던 이전의 많은 관념들에 의존하는 그 소유 관념은 인간의 정신에 어느 날 갑자기 형성되지 않았기 때문이다. 자연상태의 그 마지막 지점에 이르기까지는 많은 발전이 필요했으며, 많은 솜씨와 지식을 획득하여 세대를 이어가며 그것들을 전하고 증대시킬 필요가 있었다. 그러므로 더 먼 과거로 눈을 돌려, 가장 자연적인 순서에 따라 완만하게 일어나고 획득된 사건과 지식들을 하나의 관점에서 재조립하려고 노력해 보자.

인간의 최초 감정은 자기 생존에 대한 감정이었으며, 최초 관심은 자기 보존에 대한 관심이었다. 대지의 산물들은 인간에게 필요한 모든 물자를 제공해 주었으며, 인간의 본능은 그것들을 이용하게 했다. 배고픔과 그 밖의 다른 욕구들은 번갈아 다양한 생존 방식을 경험하게 했는데, 인간에게 자신의 종을 영속시키게 한 생존 방식은 그중 하나였다. 그런데 마음에서 우러나오는 감정이 완전히 결여된 그 맹목적인 끌림은 순전히 동물적인 행위만을 야기했다. 욕망이 충족되면 양성(兩性)은 더 이상 서로를 알아보지 못했던 것이다. 어머니에게는 아이조차 그가 홀로 살아갈 수 있게 되면 곧 아무런 관계도 아닌 존재가 되어버렸다.

출현 초창기의 인간 상황은 바로 그런 모습이었다. 처음에는 단순한 감각에 한정되어 자연에서 무언가를 얻어내려고 생각하기는커녕 자연이 준 선물조차 거의 이용하지 못하는 동물 같은 삶의 모습이었다. 하지만 곧 어려움들이 생겨났으며, 그것들을 극복하는 법을 배워야 했다. 나무가 높아서 과일을 따러 올라가지 못하는 어려움, 과일을 따 먹기 위해 동물들과 경쟁하는 어려움, 자신들의 목숨을 노리는 동물들의 사나움 등 그 모든 어려움은 인간으로 하여금 신체 단련에 열중케 했다. 민첩하고 빨리 달려야 했으며, 싸움에서 강해야 했다. 나뭇가지나 돌 등 자연의 무기들이 곧 그들의 손안에 있게 되었다. 그들은 자연 장애[63]를 극복하는 법을 배웠으며, 필요할 때 다른 동물을 쓰러뜨리는 법도 배웠다. 그리고 또 같은 인간들끼리 먹을 것을 두고 다투거나 더 강한 자에게 양보해야 하는 법도 배웠다.

인류가 더 멀리까지 이르고 인간이 늘어남에 따라 어려움도 늘어났다. 토양이나 기후, 계절의 차이는 그들의 삶의 방식에 차이를 가져오게 했다. 몇 년 동안이나 계속되는 불모의 세월, 길고 혹독한 겨울, 모든 것을 태워버릴 것 같은 타는 듯한 여름은 그들에게 새로운 어떤 솜씨를 요구했다. 바다나 강을 따라 살면서, 그들은 낚시와 낚시 도구를 발명하여 어부가 되고 어식 부족이 되었다. 숲에서 살면서, 그들은 활과 화살을 만들어 수렵인과 무사가 되었다. 추운 지역에서는 자신들이 죽인 동물의 가죽을 벗겨 몸에 걸쳤다. 천둥, 화산, 또는 어떤 다행스러운 우연에 의해 그들은 혹독한 추위의 겨울을 이겨낼 수 있는 새로운 수단인 불을 알게 되었다. 그들은 불을 보존하여 다시 살려내는 법을 알았으며, 마침내 그 이전에는 날로 먹었던 고기를 불로 조리하여 먹는 법을 알게 되었다.

자기 자신이나 서로에게 이런 다양한 것들을 반복해서 사용함으로써 인간의 정신 속에는 자연스럽게 어떤 상관관계에 대한 관념이 생겨났음에 틀림없다. 우리가 '큰', '작은', '강한', '약한', '빠른', '느린', '겁 많은', '대담한' 과 같은 말이나 필요할 때 별생각 없이 비교되는 유사한 개념들에 의해 표현하는 그 관계는 마침내 인간에게 어떤 종류의 성찰을, 좀 더 정확히 말해 자신의 안전에 가장 필요한 예방책을 가르쳐주는 반사적인 조심성을 낳았다.

이 같은 발전이 낳은 새로운 지식들은 인간에게 다른 동물들에 대한 자신의 우월성을 증대시킴과 동시에 그 우월성을 깨닫게 해주었다. 인간은 동물들에게 덫을 놓는 연습을 하는 등 수많은 수법으로 그것들을 속였다. 몇몇 동물은 싸울 때에 힘에서, 그리고 달릴 때에 속도에서 인간을 능가했지만 시간이 흐르면서 인간은 자기가 이용할 수 있는 동물들에게는 주인이 되고 해로운 동물들에게는 골칫거리가 되었다. 그리하여 인간이 자신에게 던지는 최초의 시선은 최초의 자존심을 낳았다. 그리고 아직 서열을 거의 구분할 줄 모르던 중에 자신이 속한 종이 첫 번째 서열에 위치하는 자신을 응시하게 되면서, 인간은 일찍부터 자기 역시 개인으로서도 그 첫 번째 서열을 열망할 태세를 갖추었던 것이다.

인간과 그의 동류와의 관계는 지금 우리와 우리 동류와의 관계 같지는 않았으며, 다른 동물들과 교류한 것 이상으로 동류의 인간들과 교류하지는 않았지만 인간은 동류의 인간에 대한 관찰을 소홀히 하지 않았다. 시간이 흐름에 따라 자신과 자기 여자 사이의 유사성을 알게 된 인간은 자신이 알지 못하는 유사성들을 알게 되었다. 동류의 인간들 모두가 행동하는 것을 보면서 그 같은 상황에서는 자기도 그렇게 행동했을 것이기에 인간은 그들이 사고하고 느끼는 방식과 자신이 생각하고 느끼는 방식이 완전히 일치한다는 결론을 내리게 되었다. 그리하여 인간의 정신 속에 확고히 정립된 그 중요한 진리는, 논리만큼이나 확실하고 논리보다 더 신속한 예감에 의해 자신의 이득과 안전을 위해 동류의 인간들과 함께 지켜야 할 최상의 행동 규칙들을 따르게 했다.

안락에 대한 애착[64]이 인간 행동의 유일한 동기임을 경험을 통해 알게 된 인간은 공동의 이익 때문에 동류 인간들의 도움을 기대해야 하는 드문 경우와, 경쟁 때문에 그들과 맞서 싸워야 하는 훨씬 더 드문 경우를 구분할 수 있게 되었다. 전자의 경우, 인간은 무리 지어서 동류 인간들과 결합하거나, 아니면 적어도 아무에게도 강요하지 않고 필요할 때만 일시적으로 지속되는 어떤 자유의사에 따른 협력에 의해 결합했다. 후자의 경우, 각자는 그럴 능력이 있다고 믿으면 순전히 힘으로, 그렇지 않고 자신이 더 약하다고 믿으면 꾀와 교묘함으로 우위를 차지하려고 노력했다.

인간들은 그렇게 서로 약속하고, 그 약속을 지킴으로써 얻게 되는 이득에 관한 어떤 대략적인 관념을 조금씩 얻을 수 있었다. 그렇지만 그것은 눈앞에 보이는 이익이 이를 요구하는 한에서만 그랬다. 왜냐하면 그들에게는 예측이 전혀 무의미했으며, 먼 미래에 대해서는 조금도 신경을 쓰지 않아 다음 날에 대해서조차 생각을 하지 않았기 때문이다. 사슴을 잡는 일일 경우, 그들은 각자 자신의 위치를 성실히 지키고 있어야 한다는 것을 알았지만 만일 토끼 한 마리가 그들 중 누군가의 앞으로 지나가게 되면 분명 주저 없이 그 토끼를 쫓아가 잡음으로써 동료들이 그들의 사냥감을 놓치든 말든 아무 염려도 하지 않았을 것이다.

그와 같은 교류는, 인간과 마찬가지로 무리 지어 사는 까마귀나 원숭이의 언어보다, 훨씬 더 세련된 언어를 요구하지 않았다는 것을 이해하기란 어렵지 않다. 발음이 불명료한 외침과 많은 몸짓, 그리고 몇몇 모방음이 오랫동안 보편적인 언어를 구성하고 있었음에 틀림없다. 각 지방에 따라 발음이 명확하며 합의에 근거한 몇몇 음(앞서 말했듯이 그런 음의 성립에 대해 설명하기는 그렇게 쉽지 않다.)이 그 보편적인 언어에 더해짐으로써 그 지방 고유의, 하지만 조잡하고 불완전한 언어를 갖게 되었다. 그 언어가 오늘날 여러 미개민족이 사용하는 언어와 같은 것들이다. 시간은 흘러가고 해야 할 말은 많으며 초기의 진보는 거의 눈에 띄지 않게 진행되었기에 나는 여러 세기를 쏜살처럼 훑으며 지나가겠다. 사건들의 연속이 더딜수록 묘사는 더 빨리 진행되기 때문이다.

이 초창기의 진보는 마침내 인간에게 더 빠른 진보를 가능케 했다. 정신이 트이면 트일수록 솜씨는 더 늘어났다. 아무 나무 밑에서나 자거나 동굴로 피신하는 것을 멈추고, 인간은 몇 가지 종류의 단단하고 예리한 돌도끼를 발견하여 나무를 자르고 땅을 파서 나뭇가지로 오두막집을 짓는 데 이용했다. 그들은 머지않아 그 오두막집에 점토와 진흙을 바를 생각을 해냈다. 그 시기가 바로 가족이 형성되고 구별이 생겨나고 일종의 소유가 도입된 최초의 혁명기였다. 그런데 아마도 그 소유로 인해 그 시기에조차 이미 많은 싸움과 다툼이 발생했을 것이다. 그렇지만 필시 가장 강한 자들이 집을 가장 먼저 짓고 그 집을 보호할 수 있다고 생각했을 것이기에 약한 자들은 그들을 내몰려고 시도하기보다는 모방하는 것이 더 빠르고 안전하다고 생각했을 것이다. 오두막집을 이미 가진 사람들은 이웃의 오두막집을 가로채려고 하지는 않았을 것이다. 왜냐하면 그 오두막집이 자기 것이 아니기 때문이기보다는 자기에게 쓸데가 없을뿐더러 가로채려면 그 집을 소유하고 있는 가족과 아주 격렬한 싸움에 직면하지 않을 수 없었기 때문이다.

인간의 마음의 최초 발달은 공동의 거처에 남편과 아내, 아버지와 아이들이 모여 살게 된 새로운 상황의 결과였다. 함께 사는 습관은 부부애와 부성애 같은, 인간이 경험한 것 중 가장 감미로운 감정을 낳게 했다. 가족은 상호 애착과 자유가 유일한 구속이었던 만큼 더욱더 결속된 작은 사회가 되었다. 바로 그때 양성의 삶의 방식에 최초의 차이가 생겨났으며, 지금까지 변하지 않고 있다. 여성은 집 안에 더 틀어박혀 있게 되었으며 오두막집과 아이들을 돌보는 일에 익숙해졌다. 반면 남성은 가족의 양식을 구하러 밖으로 나갔다. 그리하여 양성은 조금 더 부드러운 생활로 말미암아 사나움과 격렬한 기운을 어느 정도 잃기 시작했다. 각자가 따로따로 야생동물과 맞서 싸우는 데는 더 부적절해졌지만, 반면 그것들에 공동으로 맞서기 위해 힘을 합치는 일은 더 쉬워졌다.

그 변화된 상태에서 아주 한정된 필요로 인해 소박하고 군거(群居)하지 않는 삶을 살면서 그러한 삶이 필요한 것들을 충족시키기 위해 도구를 발명한 인간들은 여가를 아주 많이 즐겼는데, 그들은 그 여가를 이용해 선조들이 알지 못한 여러 종류의 편리함을 얻을 수 있었다. 그런데 바로 그것이 자기도 모르게 자기 자신에게 씌운 최초의 멍에였으며, 후손들에게 준비해 놓은 불행의 단초였다. 왜냐하면 그렇게 계속해서 인간의 정신과 육체를 나약하게 만드는 것 이외에도 그 편리함은 습관이 되면서 매력을 거의 상실함과 동시에 실제 욕구로 변질되어 버림으로써 그것이 없는 고통은 그것을 소유하고 있을 때의 기분 좋음보다 훨씬 더 가혹했기 때문이다. 그리하여 그들은 그 편리함을 잃으면 불행해지게 되었는데, 그렇다고 소유한들 행복하지도 않았다.[65]

우리는 여기에서 말의 사용이 각 가정 내에서 어떻게 조금씩 행해졌는지, 아니면 완성되었는지 좀 더 어렴풋이 짐작하게 된다. 그리고 또 우리는 여러 특별한 원인들이 언어를 어떻게 더 필요하게 함으로써 그 사용의 확대와 발전을 가속화시킬 수 있었는지를 추측할 수 있다. 대홍수나 지진은 거주 지역을 물이나 절벽으로 에워싸게 만들었다. 지구의 대변혁들은 대륙으로부터 땅의 일부를 떼어내어 섬으로 만들었다. 육지의 숲 속에서 자유롭게 돌아다니는 사람들 사이에서보다 이렇게 섬에서 서로 가까이 함께 생활해야 했던 사람들 사이에서 더 어떤 공유의 방언이 틀림없이 형성되었으리라는 것을 알 수 있다. 그리하여 섬사람들이 최초의 항해의 시도와 함께 우리에게 말의 사용법을 가져다주었을 가능성이 아주 크다. 그러므로 적어도 사회와 언어는 섬에서 발생하여 완성된 뒤 대륙에 알려졌을 개연성이 매우 크다.[66]

모든 양상이 변하기 시작한다. 지금까지 숲 속을 돌아다니던 인간들은 더 일정한 장소를 잡게 됨으로써 천천히 가까워져 여러 무리를 이루게 되고 마침내 각 지역마다 규범과 법에 의해서가 아닌, 동일한 생활 방식과 식량과 기후의 공통적인 영향으로 생겨난 풍속과 특성들에 의해 결합된 고유한 국가를 이루게 된다. 오랫동안 이웃으로 살게 되면 마침내 서로 다른 가족들 사이에 반드시 어떤 관계를 낳게 된다. 남녀 젊은이들이 이웃 오두막집에서 산다고 가정해 보자. 자연의 요구에 따른 일시적인 교류는 빈번한 상호 방문으로 이어져 곧 달콤하며 지속적인 또 다른 교류를 낳을 것이다. 그들은 다른 대상들을 바라보고 비교하는 일에 익숙해진다. 그리하여 선호(選好)의 감정을 야기하는 가치와 미의 관념을 조금씩 갖게 된다. 사람들은 서로 만남으로써 이제는 만나지 않고는 살아갈 수 없게 된다. 달콤하고 다정한 감정이 영혼 속에 스며들며, 아주 사소한 훼방에 부딪혀도 억제할 수 없는 분노가 치솟는다. 질투심은 사랑과 함께 깨어나기 때문이다. 불화가 승리를 거두게 되면, 정념 중에서 가장 부드러운 정념은 인간의 피의 희생을 치른다.

관념과 감정이 연속해서 일어나고 정신과 마음이 단련됨에 따라 인류는 점점 온순해지며 관계는 확대되고 긴밀해졌다. 사람들은 오두막집 앞이나 큰 나무 주위에 모이는 것에 익숙해졌다. 사랑과 여가의 가장 중요한 산물인 노래와 춤은 한가하게 모인 남녀들의 오락이, 좀 더 정확히 말해 일과가 되어버렸다. 저마다 타인들을 바라보고 타인들도 자기를 바라보아 주기를 바라기 시작했다. 그리하여 타인들로부터 받는 호의적인 평가와 존경은 가치를 갖게 되었다. 노래를 가장 잘 부르거나 춤을 가장 잘 추는 사람, 가장 아름다운 사람, 가장 힘이 센 사람, 가장 솜씨가 좋은 사람, 가장 말을 잘하는 사람은 가장 존경을 받게 되었는데, 바로 그것이 불평등과 동시에 악덕으로 향한 첫걸음이었다. 이러한 최초의 선호로부터 한편으로는 허영심과 경멸이, 다른 한편으로는 수치심과 선망이 유래했는데, 그 새로운 누룩곰팡이에 의한 발효는 마침내 행복과 순수에 치명적인 화합물을 발생시켰다.

서로를 존중하여 배려의 관념이 사람들의 정신 속에 형성되자마자 저마다 배려를 받을 권리가 있다고 주장했다. 그리하여 타인에 대한 배려가 없는 경우 누구도 더 이상 무사할 수 없었다. 그때부터 미개인들 사이에서조차 예의범절의 의무가 최초로 생겨났으며, 또한 그때부터 모든 고의적인 나쁜 짓은 모욕이 되었다. 왜냐하면 모욕이 가져다준 고통 외에도 모욕을 당한 사람은 고통 그 자체보다는 견딜 수 없는 자신의 인격에 대한 경멸을 보게 되기 때문이다. 그리하여 누구나 자신이 받은 멸시에 대해 자신이 할 수 있는 만큼 응징하기 때문에 복수는 끔찍해지며, 따라서 사람들은 냉혹하고 잔인해진다. 바로 그것이 우리가 아는 대부분의 미개민족이 다다른 단계다. 그런데 많은 사람이 인간은 본래 잔인하기에 유순하게 만들기 위해서는 질서유지 기구가 필요하다고 서둘러 결론 내리는 것은 관념들을 충분히 구별하지 못하고 그 민족들이 이미 얼마나 최초의 자연 상태로부터 멀어졌는지 알아차리지 못했기 때문이다. 그렇지만 사실

원시 상태의 인간만큼 그렇게 온순한 사람도 없다. 자연에 의해 짐승의 우둔함과 문명인의 해로운 지식의 중간에 놓여 있으며 본능과 이성에 의해 자신을 위협하는 해악으로부터 보호하는 데 그친 그들은 타고난 동정심으로 아무에게도 해를 끼치지 않도록 자신을 억제하며, 타인으로부터 해를 당했을 때조차도 해를 끼칠 마음이 생기지 않는다. 왜냐하면 박식한 로크(John Locke)에 따르면, "소유가 없는 곳에는 부정이 있을 수 없기"[67] 때문이다.

하지만 사회가 시작되고 인간들 사이에 이미 관계가 확립됨으로써 그들에게는 원초적인 구조(constitution primitive)에서 물려받은 것과는 다른 자질들이 요구되었다는 사실과 도덕이 인간 행동에 도입되기 시작했다는 사실, 법이 생겨나기 전에는 각자가 자신이 받은 모욕에 대한 유일한 재판관이자 복수자였기에 순수한 자연 상태에 적합한 선이 막 태어나고 있는 사회에는 더 이상 적합한 것이 아니었다는 사실, 그리고 또 모욕의 기회가 더 빈번해짐에 따라 벌은 더욱 엄해질 필요가 있었으며 복수에 대한 공포가 법의 제재를 대신했다는 사실을 지적할 필요가 있다. 그리하여 사람들의 인내력이 더 약해지고 타고난 동정심이 이미 어느 정도 묽어졌을지라도 원시 상태의 무위와 우리의 이기심의 극성스러운 활동의 중간 시기인 그 인간 능력의 발달 시기는 가장 행복하고 가장 오래 지속된 시기였음에 틀림없다. 이 시기에 대해 더 고찰하면 할수록 그 상태가 큰 변화의 지배를 가장 덜 받았기에 인간에게는 가장 좋은 상태였음을(16*), 그리고 또 공동의 이익을 위해서는 일어나지 말았어야 할 어떤 치명적인 우연에 의해 인간은 그 상태로부터 벗어났다는 것을 발견한다. 우리가 발견한, 그 상태에 대한 거의 모든 미개인들에 대한 예는 인류는 그 상태에서 머물러 있도록 만들어졌으며, 그 상태는 세계의 진정한 청춘 시절이며, 그 후의 모든 발전은 겉으로는 개인의 완성을 향한 큰 발걸음처럼 보이지만 사실은 인류의 쇠퇴를 향한 발걸음이었다는 사실을 확인해 주는 것 같다.

인간들이 자신의 투박한 오두막집에 만족하는 한, 그들의 동물 가죽옷을 나무 가시나 생선 가시로 이어 묶고 깃털과 조개껍데기로 치장을 하고 몸을 여러 색깔로 칠하고 활과 화살을 개량하거나 아름답게 하고 날카로운 돌로 몇 척의 고기잡이 카누를 깎거나 몇몇 조잡한 악기를 만드는 데 만족하는 한, 요컨대 혼자 할 수 있는 일과 여러 사람의 도움이 필요 없는 기술에만 전념하는 한 인간들은 그들의 본성이 허용할 수 있는 데까지 자유롭고 건전하게 선량하고 행복하게 살았으며, 독립적인 교류에서 오는 즐거움을 변함없이 누렸다. 그러나 어떤 한 사람이 다른 사람의 도움을 필요로 하는 순간, 혼자서 두 사람분의 양식을 가지는 것이 더 유익하다는 것을 알아차리는 순간 평등은 사라지고[68] 소유가 도입되며 노동이 필요하게 되었다. 그리하여 드넓은 숲은 인간의 땀으로 적셔야 할 아름다운 들판으로 변화되었는데, 그 들판에서 사람들은 곧 수확과 함께 예속 상태와 궁핍이 싹트고 커가는 것을 보게 되었다.

야금술과 농업[69]의 발명이 그와 같은 큰 변화를 야기한 두 가지 기술이었다. 시인에게는 인간을 문명화시키고 인류를 파멸시킨 것이 금과 은이지만, 철학자에게는 철과 밀이다. 그런데 그 두 기술은 아메리카 대륙의 미개인들에게는 알려지지 않았으며, 그렇기에 그들은 여전히 미개인으로 남아 있었다. 다른 민족들도 그 기술 중 한 가지만 사용하는 한 야만인으로 남아 있었던 것 같다. 유럽이 세계의 다른 곳들보다 더 빠르지는 않았을지라도 적어도 더 꾸준히 훨씬 더 문명화된 가장 중요한 이유 중 하나는 아마도 그 대륙에 철과 밀이 동시에 가장 많았기 때문일 것이다.

어떻게 사람들이 철을 알고 사용하게 되었는지를 추측하기는 아주 어렵다. 왜냐하면 그 결과가 어떤 것이 될지 알지도 못하면서 그들이 스스로 광산에서 철을 캐내고 철을 융해시키는 데 필요한 조합물을 생각해 냈을 것 같지는 않기 때문이다. 다른 한편, 광산이 나무나 식물이 없는 불모의 장소들에서만 형성되는 만큼, 그리하여 결과적으로 자연이 우리에게 그 치명적인 비밀을 숨기기 위해 미리 대비를 했던 것처럼 보이는 만큼 그 발견의 동기를 어떤 우연한 화재로 돌릴 수는 더더욱 없다. 그러므로 철을 융해 상태로 풍부하게 분출하면서 관찰자들에게 그 자연 활동을 모방할 생각을 하게 했을 어떤 화산의 특별한 상황만 남는다. 게다가 우리는, 그토록 힘든 작업을 시도하여 그 시도로부터 얻어낼 수 있는 이점을 아주 오래전부터 예상하기 위해서는 그들에게 큰 용기와 예측력이 필요했다는 것을 가정할 필요가 있겠다. 그것은 정신의 당연한 상태이기보다는 이미 더 단련된 정신에나 걸맞은 일이다.

농업의 원리는 그것이 실행되기 오래전에 이미 알려져 있었다. 나무와 식물로부터 식량을 얻는 일에 줄곧 신경을 썼기에 인간들은 자연이 식물의 번식을 위해 사용하는 방법을 상당히 빨리 알았던 것이다. 그러나 그들의 일손은 아마도 훨씬 뒤에 가서야 이 방향으로 돌아섰을 것이다. 왜냐하면 수렵이나 낚시질과 함께 그들의 식량을 공급해 주는 나무는 그들이 돌볼 필요가 없었거나, 그들이 밀의 사용법을 몰랐거나, 밀을 경작하는 도구가 없었거나, 미래의 필요에 대한 예측력이 없었거나, 노동의 과실을 다른 사람이 가로채지 못하게 하는 방법이 없었기 때문일 것이다. 더 솜씨가 좋아져서, 그들이 밀을 재배하는 법을 알아서 대량으로 경작하는 데 필요한 도구를 갖기 오래전에 예리한 돌과 뽀쪽한 막대기를 가지고 그들의 오두막집 주위에 채소나 뿌리식물을 경작하는 것으로부터 시작했다고 생각할 수 있다. 하지만 경작에 종사하여 땅에 씨를 뿌리려면, 그리하여 그 후에 많은 것을 얻기 위해서는 먼저 무언가를 잃을 각오가 되어 있어야 한다는 것까지는 물론 생각하지 못했을 것이다. 이것은 앞에서 이미 말한 것처럼, 저녁에 필요한 것에 대해 아침에 생각하는 것조차 아주 힘든 미개인의 정신 양상과는 아주 거리가 먼 신중함이다.

그러므로 인류가 농업기술에 전념하도록 하기 위해 다른 기술들의 발명이 필요했음이 틀림없다. 철을 녹이고 벼리기 위해 사람이 필요하자마자 그 사람을 먹이기 위해 또 다른 사람이 필요했다. 노동자 수가 늘어나면 늘어날수록 공동의 식량을 공급해 주는 데 사용되는 일손은 줄어들었지만 식량을 소비하는 입은 줄어들지 않았다. 그리고 한편의 사람들에게는 자신들의 철과 교환하여 먹을 것을 필요로 했기에, 마침내 다른 한편의 사람들은 그 식량의 증산을 위해 철을 사용하는 비법을 발견했던 것이다. 그로부터 한편으로는 밭갈이와 농업기술이 생겨났으며, 다른 한편으로는 철을 가공하고 그 용도를 늘리는 기술이 생겨났다.

토지의 경작으로부터 필연적으로 토지 분배가 뒤따랐다. 그리고 소유가 일단 인정되자 정의(justice)에 관한 최초의 규칙이 뒤따랐다. 왜냐하면 각자에게 자기의 것을 돌려주기 위해서는 각자가 무언가를 소유할 수 있어야 하기 때문이다. 게다가 미래로 눈을 돌리기 시작하고, 모두가 자신에게도 잃어버릴 재산이 있다는 것을 알게 되면서, 자신이 타인에게 입힐 수 있는 피해가 자신에게로 보복이 되어 돌아올지 모른다고 두려워하지 않는 사람은 없었다. 그러한 기원은 갓 생겨난 소유의 관념이 육체노동 이외의 것으로부터 유래한다고는 생각할 수 없는 만큼 더욱더 자연스럽다. 왜냐하면 자기가 만들지 않은 것을 가로채기 위해 인간이 자기의 노동 이상의 어떤 것을 투여할 수 있을지 알지 못하기 때문이다. 경작자에게 그가 일군 땅의 생산물에 대한 권리를 줌으로써, 결과적으로 오로지 노동만이 그에게 적어도 수확기까지 토지에 대한 권리를 준다. 그리하여 매년 점유가 계속되다 보면 쉽게 소유로 전환된다. 고대인들이 케레스[70]에게 입법자라는 지칭을 주고 그 여신에 경의를 표하는 축제에 테스모포리아[71]라는 명칭을 주었을 때 그들은 토지의 분배가 새로운 종류의 권리를, 말하자면 자연법에 기원을 두는 권리와는 다른 소유권을 낳았다는 것을 이해시키려 했던 것이라고, 흐로티위스는 말한다.

만일 사람들의 재능이 동등했다면, 예를 들어 철의 사용과 식료품의 소비가 항상 정확히 균형을 이루고 있었다면 사정은 그 상태에서 변함없이 머물러 있었을 것이다. 그러나 그 균형은 아무도 유지해 주지 못해, 곧 깨져 버렸다. 더 강한 사람은 더 많은 일을 했으며, 더 솜씨가 있는 사람은 자신의 솜씨를 더 잘 이용했으며, 더 창의력이 있는 사람은 노동을 줄이는 방법을 찾아냈다. 경작자는 철을 더 필요로 했으며, 대장장이는 밀을 더 필요로 했다. 그렇지만 똑같이 일을 함에도 불구하고 한쪽은 많이 버는 반면 다른 한쪽은 살기가 힘들었다. 그리하여 자연적인 불평등은 새로운 원인들의 결합에서 오는 불평등[72]과 함께 서서히 전개되며, 상황의 차이에 따라 발전된 인간들 사이의 차이는 그 결과에서 더욱 두드러지고 지속적이 되어, 그에 상응한 영향을 각 개인의 운명에 미치기 시작했다.

사정이 이 정도에 이르면 나머지는 상상하기 어렵지 않다. 나는 다른 기술의 지속적인 발명과 언어의 발달, 재능의 시험과 이용, 재산의 불평등, 부의 이용이나 남용, 그리고 그에 뒤이은 많은 세부적인 것들에 대해서는 각자가 쉽게 보충할 수 있을 것이기에 그것들에 대한 묘사에 신경을 쓰지 않겠다. 단지 그 새로운 질서 속에 처해진 인류에 대해 일별하는 것으로 그치겠다.

그러니까 이제 우리의 모든 능력은 계발되었으며 기억력과 상상력이 작용하게 되었고 이기심은 사욕을 챙기고 이성은 활발해졌다. 또한 정신은 가능한 거의 완성 단계에 이르렀다. 모든 자연적인 자질이 동원되어, 각자의 지위와 운명은 재산의 양이나 타인에게 유용하거나 해를 미칠 수 있는 힘, 나아가 지적 능력이나 아름다움, 체력이나 재주, 장점이나 재능에 기초하여 결정되었다. 그런데 그 자질들은 타인의 존경을 받을 수 있는 유일한 것들이었기에 곧 그 자질들을 갖거나 아니면 가진 척할 필요가 있었다. 그리하여 자기 이익을 위해 실제의 자기와 다른 모습을 보여 줄 필요가 있었다. 실제와 외관은 완전히 다른 두 사실이 되었으며, 그 구별로부터 위엄 있는 호사와 기만하는 술책과 그에 따르는 모든 악덕이 생겨났다. 다른 한편, 지금까지는 자유롭고 독립적이었던 인간이 이제는 수많은 새로운 욕구에 의해 이를테면 자연 전체에, 특히 동류의 인간들에게 예속되어 그들의 주인이 되었으면서도 어떤 의미에서는 그들의 노예가 되었다. 이를테면, 인간은 부자가 되면 동류의 인간들의 섬

김을 필요로 하고, 가난하게 되면 그들의 도움을 필요로 한다. 그리고 중간 정도의 사람들도 동류의 인간들 없이는 살아갈 수 없게 된다. 그러므로 인간은 끊임없이 동류의 인간들에게 자기의 운명에 관심을 갖게 하고 자신의 이익을 위해 일하지만 그들에게는, 실질적으로든 눈가림으로든, 그들 자신의 이익이라고 생각하게 하려고 애쓸 필요가 있다. 그것은 그로 하여금 어떤 사람들에게는 교활하고 위선적으로 행동하게 만들며, 또 어떤 사람들에게는 오만하고 냉혹하게 행동하게 만든다. 그리고 그가 필요로 하는 모든 사람에게 자기를 두려워하게 만들 수 없거나 그들을 돕는 데서 자신의 이익을 찾지 못할 때, 그들을 속이지 않을 수 없게 된다. 마침내 탐욕스러운 야심과, 진정한 욕구에서보다는 남보다 우위에 서기 위해 타인과 비교하며 재산을 늘리려는 열의는 모두에게 서로에게 해를 끼치려는 악한 성향과 은밀한 질투심을 불러일으킨다. 그 질투심은 흔히 더욱 안전하게 활동하기 위해 친절이라는 가면을 쓰는 만큼 더욱더 위험하다. 요컨대 한편으로는 경쟁과 적대가, 다른 한편으로는 이익의 대립, 그리고 타인의 희생 위에서 자기의 이익을 취하려는 음흉한 욕망이 항상 도사리고 있다. 그 모든 해악은 소유가 낳은 첫 번째 결과이며 막 생겨나는 불평등의 불가분의 동반자다.

부를 나타내는 표시들[73]이 발명되기 전에는 그 부를 이루는 것으로는 땅과 가축밖에 없었으며, 그것들이야말로 인간이 소유할 수 있는 유일한 실제 재산이었다. 그런데 소유지가 대지 전체에까지 미쳐 모든 소유지가 서로 인접할 정도로 수나 넓이 면에서 증가했을 때 소유지는 오로지 타인의 소유지를 희생시킴으로써만 불어날 수 있었다. 그리하여 나약함이나 나태로 자신의 소유지를 갖지 못한 인간들은 자기 주위의 모든 것이 변하는데도 그들만 변하지 않음으로써 가난하게 되거나 아무것도 잃을 것이 없게 되어 부자에게서 먹을 것을 얻거나 약탈하지 않을 수 없게 되었다. 그로부터 부자와 가난한 자들의 각각의 성격에 따라 지배와 예속, 폭력과 약탈이 생겨나기 시작했다. 부자는 지배하는 즐거움을 맛보자 이내 다른 사람들을 무시하게 되었으며, 또 다른 노예들을 만들기 위해 그들의 기존 노예들을 이용함으로써 그들은 자기들의 이웃을 지배하고 노예로 만들 생각밖에 하지 않게 되었다. 인육을 한번 맛본 뒤 다른 음식은 모두 거절하는, 그리하여 인간만 게걸스럽게 먹어치우려고 하는 굶주린 그 늑대들처럼 말이다.

그리하여 가장 강하거나 가장 가난한 사람들은 그들의 힘이나 욕구를 타인의 재산에 대한 일종의 권리(그들에 따르면, 그것은 소유의 권리와 동등한 권리다.)라는 생각을 갖게 되어, 평등은 깨지고 가장 끔찍한 무질서가 뒤따랐다. 그리하여 부자들의 횡령과 가난한 자들의 약탈, 그리고 모든 사람의 억제할 수 없는 정념은 타고난 동정심과 아직은 약한 상태로 머물러 있던 정의의 목소리를 억누르면서 인간을 탐욕스럽고 야심에 차고 악하게 만들었다. 가장 강한 자의 권리와 최초의 점유자의 권리 사이에 빈번한 갈등이 발생하여 싸움이나 살인에 의해서만 끝이 났다.(17*) 막 태어난 사회는 가장 끔찍한 전쟁 상태로 대체되었다.[74] 타락하고 황폐해진 인류는 더 이상 되돌릴 수 없었으며 인류가 획득한 불행한 습득물들을 포기하지도 못했다. 그리하여 자신을 영광스럽게 하는 능력의 남용에 의해 자신에게 치욕만을 주려고 애씀으로써 스스로 몰락의 전야에 이르렀다.

너무도 생소한 악덕에 질려 부자나 가난한 자 할 것 없이 자신들의 부로부터 벗어나고자 한다. 그런데 그 부는 그들이 예전에 갖고자 했던 것이다. 그들은 이제 그것을 혐오하고 있는 것이다.[75]

사람들은 마침내 그토록 비참한 상태와 그들이 당하는 불행에 대해 성찰하지 않을 수 없게 되었다. 특히 부자들은 그들이 모든 비용을 다 지불하는 아주 빈번한 전쟁이 자신들에게 얼마나 불이익이 되는지를, 그리고 또 그 전쟁 속에서는 생명의 위협은 공통적이지만 재산의 위험은 개인적임을 곧 느끼게 되었을 것이다. 게다가 그들이 자신들의 횡령에 어떤 성격을 부여하든 그것은 불확실하고 부당한 권리에 기초하고 있을 뿐이며, 그리고 또 그것은 오직 힘에 의해서 획득되었기에 다른 힘에 의해 빼앗길 수 있으며 그 경우 그에 대해 불평할 이유가 없다는 것을 충분히 느꼈다. 오직 자기 솜씨로만 부자가 된 사람들조차 그들의 소유에 대해 확실한 명분을 세울 수 없었다. 그들은 "이 담은 내가 세웠어.", "이 땅은 내가 일궈서 얻은 거야."라고 말해 봤자 소용이 없었다. "누가 당신에게 이 경계선을 정해 주었느냐.", "우리가 당신에게 강요하지도 않은 노동의 대가를 왜 우리가 지불해야 한다고 주장하느냐.", "당신이 지나치게 많이 가지고 있기에 당신의 많은 형제들이 궁핍해져서 죽어가거나 고통을 당하고 있는 것을 모르느냐.", "당신의 몫 이상의 것을 공동의 식량에서 가지려면 인류의 만장일치의 명시적인 동의가 필요하다는 것을 모르느냐."라고 그들에게 물을 수 있었다. 자신을 정당화시키고 방어하기 위한 타당한 이유와 충분한 힘이 없으며, 한 개인은 쉽게 굴복시키지만 떼거리 악당들에게는 굴복당하며, 홀로 모두에게 대항하지만 상호 간의 질투심 때문에 자기와 동등한 사람들과 연합하여—약탈이라는 공동의 희망에 의해 연합한—적들에 대항할 수 없는 부자는 마침내 필요에 의해 다급해져 이제까지 인간의 정신 속에 들어온 적이 없는 가장 신중한 계획을 생각해 냈다. 그것은 그를 공격하는 사람들의 힘까지 자기에게 유리하게 이용하여 적들을 자신의 방어자로 만들고, 그 적들에게 다른 준칙을 주입하여 자연법이 자신에게 불리했던 것과 마찬가지로 자신에게 유리한 다른 제도들을 그들에게 부여하는 것이었다.

그러기 위해, 그의 이웃들로 하여금 서로에게 대항하게 하여 그들의 소유를 그들의 욕구만큼 부담이 되게 만들며 가난할 때나 부자일 때나 아무도 자신의 안전을 구하지 못하는 상황에 대한 두려움을 설명해 준 뒤 그는 자기 목적을 위해 그의 이웃들을 끌어들이기 위한 그럴싸한 이유들을 쉽게 생각해 냈다. 그는 그들에게 이렇게 말했다. "약자들을 억압으로부터 보호하고 야심가들을 제지하고 각자의 소유를 안전하게 해주기 위해 우리 단결합시다. 아무도 차별받지 않으며 어떻게 보면 약자와 강자를 동등하게 상호 의무에 복종시킴으로써 운명의 예기치 못한 변덕을 보상해 주는, 모두가 복종해야 하는 정의와 평화에 관한 규칙을 제정합시다. 요컨대 우리의 힘을, 우리 자신에게 불리하게 하는 대신 사려 깊은 법에 따라 우리를 다스리고 사회의 모든 구성원을 보호하고 방어해 주며 공동의 적을 물리쳐 주고 영원한 화목 속에 우리를 살게 해주는 최고의 권력에 집중시킵시다."

무지해서 속이기 쉬울 뿐만 아니라 그들 사이에 해결할 일이 너무 많아서 중재자 없이는 해 나갈 수 없으며, 탐욕과 야심 또한 너무 커서 지도자 없이는 그렇게 오래 살아갈 수 없는 사람들을 설득하는 데는 이런 말까지 필요하지 않았다. 모두가, 자신의 자유를 보장받는다고 믿고는 자신의 족쇄를 향해 내달렸다. 왜냐하면 그들은 공공질서 확립의 이점을 느낄 만큼의 이성은 지니고 있었지만, 공공질서의 위험을 예측할 만큼의 경험은 갖고 있지 않았기 때문이다. 그러한 위험을 가장 잘 예측할 수 있는 사람은 바로 그것을 이용할 생각을 하는 사람들이었다. 현명한 사람들조차도 그들의 자유 일부를 다른 부분을 보존하기 위해 희생시키기로 결심할 필요가 있다는 것을 알았다. 마치 부상자가 팔을 잘라내어 신체의 나머지 부분을 구하는 것처럼 말이다.

사회와 법의 기원은 그런 것이었거나 그런 것이었음에 틀림없을 것이다. 이 사회와 법은 약자에게는 새로운 구속을, 부자에게는 새로운 힘을 부여하여(18*) 자연적 자유를 아주 파괴해 버리고 소유와 불평등의 법칙을 영구히 고착화시켰으며, 교활한 횡령을 확정적 권리로 만들어 몇몇 야심가를 위해 인류 전체를 노동과 굴레와 비참에 예속시켰다. 우리는 단 하나의 사회의 성립이 어떻게 나머지 모든 사회의 성립을 필수적이게 만들었는지, 연합된 힘에 맞서기 위해 다른 쪽에서는 어떻게 단결해야 했는지를 쉽게 알 수 있다. 사회는 빠른 속도로 그 수가 증가하거나 확산되어 이내 지구 전체를 덮어버렸다. 그리하여 사람들은 속박으로부터 벗어날 수 있는 곳을, 다시 말해 자신의 머리 위에 끊임없이 걸려 있으면서 자주 떨어지는 검의 위험으로부터 자기 머리를 구해 줄 수 있는 곳을 세상에서 단 한 군데도 찾을 수 없게 되었다. 그리하여 시민법이 시민들의 공동 규칙이 되었기에 자연법은 서로 다른 사회들 사이에서만 남게 되었는데, 그곳들에서 자연법은 국제법이라는 이름으로 몇몇 암묵적인 약속에 따라 교류를 가능하게 하고 타고난 동정심을 보충하는 대신 약화되었다. 그 타고난 동정심은 인간과 인간 사이에서 가졌던 힘을 사회와 사회 사이에서는 거의 잃어서, 민족들을 갈라놓는 상상적 장벽을 초월하여 그들을 창조한 지고의 존재를 본받아 인류 전체를 그들의 박애심 속에 감싸 안는 몇몇 위대한 세계주의자의 영혼 속에만 있을 뿐이다.

그렇게 그들 사이에 자연 상태로 여전히 남아 있는 정치체(Corps politique)들도 곧 개인들에게 자연 상태에서 벗어나도록 강요한 바로 그 불편들을 느끼기 시작했다. 그리하여 그 큰 집단들 사이에서 그 상태는 이전에 그 구성원인 개인들 사이에서보다 훨씬 더 치명적이었다. 그로부터 자연을 전율케 하고 이성에 어긋나는 보복과 살인과 싸움, 국가들 간의 전쟁, 그리고 사람의 피를 흩뿌리는 영광을 미덕의 반열에 위치시키는 그 끔찍한 모든 편견이 유래했다. 가장 정직한 사람들조차 동류 인간들을 목 베어 죽이는 것을 그들의 의무 중 하나라고 가르쳤다. 마침내 사람들은 이유도 모르고 수천 명씩 학살되는 것을 목격해야 했다. 그리하여 온 지구상에서 몇 세기 동안 자연 상태에서 범해진 것보다 훨씬 더 많은 살인이 하루 동안의 전투에서 자행되었으며, 한 도시가 점령될 때에는 더욱더 끔찍한 일이 범해졌다. 바로 그것이 인류가 상이한 여러 사회로 분할될 때 접하는 최초의 결과다. 여기에서 그 사회들의 제도에 대해 검토해 보자.

강자의 정복이 그 기원이니 약자의 연합이 그것이니 하면서 여러 사람이 정치적 사회의 기원에 대해 다르게 주장했다는 것을 나는 알고 있다. 그런 기원들 가운데서 어떤 것을 택하느냐는 내가 밝히고자 하는 것과 관계가 없다. 그렇지만 내가 방금 앞에서 기술한 기원들은 각각 다음과 같은 이유에서 내게 가장 자연스럽게 보인다.

1. 정복의 권리는 권리가 아니어서 어떠한 다른 권리의 근거가 될 수 없었다. 정복자와 피정복자인 국민은 서로 여전히 전쟁 상태로 남아 있기에 국민이 완전히 자유로운 상태로 돌아가지 않는 한 자발적으로 정복자를 그들의 우두머리로 택하지 않는다. 그때까지는 어떠한 항복이든 폭력에 의해 행해졌기에, 결과적으로 사실 자체로 아무 의미가 없어서 그 가설에는 진정한 사회나 정치체가 있을 수 없으며, 가장 강한 자의 법 이외의 다른 법도 있을 수 없다.

2. 강한 자와 약한 자라는 어휘가 애매하다. 소유권, 혹은 최초 점유자권의 확립과 정치적 지배의 확립 사이에 존재하는 기간에는 그 어휘보다는 부유한 자와 가난한 자라는 어휘가 더 적절하다. 왜냐하면 실제로 한 인간은 법이 생기기 이전에는 그와 동등한 타인을 예종시키기 위해서는 그들의 재산을 공격하거나, 아니면 자신의 재산을 그들에게 어느 정도 나눠 주는 것 이외의 방법이 없었기 때문이다.

3. 가난한 자들은 자유 이외에는 잃을 것이 아무것도 없기에 그들에게 남아 있는 유일한 재산인 그 자유를 아무 대가 없이 자발적으로 넘겨주는 것은 그들로서는 대단히 어리석은 짓이었다. 반대로 부자들은, 이를테면 자신들의 재산 하나하나에 아주 민감하기 때문에 그들에게 해를 끼치는 일은 훨씬 더 쉬웠다. 결과적으로 그들은 자신의 재산을 보호하기 위해 더 큰 주의를 기울여야 했다. 요컨대 어떤 일은 그것으로 손해를 보는 사람들에 의해서보다는 이득을 보는 사람들에 의해 발명되었다고 생각하는 것이 합당하다.

갓 태어난 정부는 지속적인 일정한 형태를 지니지 못했다. 철학과 경험의 부족은 눈앞에 보이는 단점들만 알아보게 했다. 그리하여 사람들은 그 밖의 단점들에 대해서는 눈앞에 보일 때에만 개선할 생각을 했다. 아주 박식한 입법자들의 온갖 노력에도 불구하고 정치적 상태는 여전히 불완전했다. 왜냐하면 그것은 거의 우연의 소산으로 출발부터가 잘못되어, 세월이 흐름에 따라 결점을 발견하여 개선책을 제안했지만 정부 구조의 결함을 결코 바로잡을 수 없었기 때문이다. 훌륭한 건축물을 세우기 위해서는 스파르타에서 리쿠르고스(Lycourgos)[76]가 한 것처럼 부지를 청소하고 모든 낡은 자재를 치우는 것부터 시작할 필요가 있는데, 그렇게 하는 대신 끊임없이 뜯어 고치기만 했던 것이다. 사회는 처음에는 모든 개인이 지킬 것을 약속하고 그 공동체가 각 개인에 대해 보증인이 되는 몇몇 일반적인 약속들로만 이루어져 있었다. 경험을 통해 그와 같은 조직이 얼마나 취약하며, 위반자들에게는 공중만이 증인이자 판단자일 때 자신들의 잘못들에 대한 증거나 처벌을 피하는 일이 얼마나 쉬운지를 알게 되었다. 수없이 많은 방법으로 법망을 교묘히 피했으며, 불편과 무질서가 계속해서 증가했다. 그러자 마침내 몇몇 개인에게 공권력이라는 위험한 기탁물을 맡길 것을 생각하고는 통치자들에게 국민의 심의·의결 사항들이 잘 지켜지는지 감시하게 하는 일을 맡겼다. 왜냐하면 우두머리들이 동맹이 결성되기 전에 선출되었다거나 법의 집행자가 법 자체보다 먼저 존재했다고 말하는 것은 진지하게 반박할 가치도 없는 가정이었기 때문이다.

국민들이 조건 없이 절대적인 지배자의 품에 당장 자신들을 내맡겼다거나, 자존심이 있고 굴하지 않는 사람들이 생각해 낸 공동의 안전을 대비하는 최초의 방법이 예속 상태로 뛰어드는 것이었다고 생각하는 것은 더 이상 합당하지 않을 것이다. 사실, 그것이 자신들을 억압으로부터 방어하기 위해서가 아니라면, 이를테면 그들의 존재를 이루는 요소들인 재산과 자유와 생명을 보호하기 위해서가 아니라면, 무엇 때문에 그들이 자기들의 상급자를 두었겠는가? 그런데 인간과 인간의 관계에서 한 인간에게 일어날 수 있는 최악의 경우는 그가 타인의 처분에 달려 있는 것이기에, 통치자의 도움을 빌려 지키려 했던 것들을 되레 그 통치자의 수중에 넘겨주는 것은 양식에 배치되는 것이 아니었을까? 그토록 소중한 권리의 양도 대가로 그 통치자는 그에 상응하는 어떤 것을 줄 수 있었겠는가? 만일 그 통치자가 그들을 방어해 준다는 구실 아래 감히 양도를 요구했다면 그는 곧바로 우화[77] 속의 이런 답변을 듣지 않았겠는가. "적이 우리에게 또 무슨 짓을 할 것인가?" 그러니 국민들이 통치자를 갖는 것은 그의 노예가 되기 위해서가 아니라 자신들의 자유를 지키기 위해서였다는 것은 이론의 여지가 없으며, 모든 참정권의 기본 원칙이다. 플리니우스[78]는 트라야누스에게 이렇게 말했다. "우리가 왕을 갖는 것은 그 왕이 우리로 하여금 주인을 갖는 것을 막아주도록 하기 위한 것입니다."

정치인들은, 철학자들이 자연 상태에 관해 늘어놓았던 것과 동일한 궤변을 자유를 사랑하는 마음에 관해 늘어놓는다. 그들은 그들이 보지 못한 아주 다른 사물들을, 그들이 보는 사물들을 통해 판단한다. 그리하여 그들은 눈앞에 있는 사람들이 참을성 있게 노예 상태를 견뎌내는 것을 보고는, 인간에게는 예속에 대한 타고난 성향이 있는 것으로 간주한다. 스스로 가질 때에만 그 가치를 느끼며 잃어버리는 즉시 그에 대한 취향도 사라지는 순수와 미덕처럼, 자유도 그와 같다는 점을 생각해 보지도 않는다. 브라시다스(Brasidas)[79]는 "나는 당신의 나라의 행복을 잘 압니다. 그러나 당신은 내 나라의 행복에 대해서는 알지 못합니다."라고 스파르타의 삶과 페르세폴리스[80]의 삶을 비교하는 어느 태수(太守)에게 말했다.

길들여지지 않은 말은 재갈만 가까이 가져가도 갈기를 곤두세우고 땅바닥을 발로 걷어차며 맹렬하게 발버둥 치는 반면 길들여진 말은 채찍과 박차를 참을성 있게 견디는 것처럼, 문명인이 불평 없이 받아들이는 멍에에 야만인은 절대로 그의 머리를 숙이지 않는다. 그처럼 야만인은 평화로운 예속 상태보다는 격동적인 자유를 택한다. 그러므로 인간이 예속의 성향을 타고났는지 아닌지에 대한 판단은 노예가 된 시민들의 전락을 통해서가 아니라, 모든 자유로운 인간이 억압으로부터 자신을 보호하기 위해 행한 놀라운 행동들을 통해서 해야 한다. 나는 전자의 인간들은 자신의 족쇄를 차고 즐기는 평화와 휴식을 끊임없이 찬양만 할 뿐이며, "비참한 예속 상태를 평화라고 부른다는 것"[81]을 잘 안다. 그러나 후자의 인간들이 즐거움과 휴식과 부와 힘과 생명까지를 그 유일한 재산인 자유(그 재산을 잃은 사람들은 그것을 더 이상 거들떠보지도 않는다.)를 위해 희생하는 것을 볼 때, 자유롭게 태어나 갇혀 지내는 것을 몹시도 싫어하는 동물들이 자기를 가둬두는 감옥 같은 곳의 창살을 들이받다가 머리가 깨지는 것을 볼 때, 벌거벗은 수많은 미개인들이 유럽인들의 향락 취미를 경멸하고 오로지 자유를 보존하기 위해 기아와 포화와 검과 죽음에 맞서는 것을 볼 때, 나는 자유에 대해 논하는 것은 노예들의 일이 아님을 느낀다.

여러 사람에 의해 전제적인 정치체제와 모든 사회의 기원이라고 주장되는 부권에 관해 말하자면, 로크 및 시드니(Algernon Sidney)의 반증의 도움을 받지 않고도 이런 점들을 지적하는 것만으로도 충분하다. 즉, 세상에는 명령하는 자의 유용성보다는 복종하는 자의 이익에 더 신경을 쓰는 권력의 부드러움만큼 전제군주제의 잔인한 정신과 거리가 먼 것은 없다는 것과, 자연법에 따르면 아버지는 그의 도움이 아이에게 필요한 만큼만 아이의 주인이며 그 시기가 지나면 서로 동등해져서 아버지로부터 완전히 독립적인 아이는 아버지에 대한 존경의 의무만 있을 뿐 복종의 의무는 없다. 왜냐하면 아버지에 대한 감사는 자식이 가져야 할 의무이지 아버지가 요구할 수 있는 권리는 아니기 때문이다. 부권으로부터 시민사회가 유래한다고 말하는 대신 시민사회로부터 부권이 그 주된 힘을 얻는다고 말해야 했다. 한 개인이 여러 아이의 아버지로 인정받은 것은 아버지 주위에 그들이 모여 있을 때뿐이었기 때문이다. 아버지의 재산(아버지야말로 진정으로 그 재산의 주인이다.)은 아이들을 자기 종속하에 잡아두는 끈이다. 그리하여 아버지는 자신의 의사에 대한 자식들의 끊임없는 공경을 보면서 그 공경의 정도에 따라 상속분을 줄 수 있다. 그런데 백성들은 그들의 전제군주로부터 그와 비슷한 어떤 은혜를 기대할 수 있기는커녕, 그들 혹은 그들이 소유하고 있는 모든 것이 그의 소유이거나—아니면 적어도 그가 그렇게 주장하기 때문에—그들 자신의 재산임에도 군주가 그들에게 그 일부를 남겨 주는 것을 은혜로 받아들여야 할 처지에 놓이게 된다. 그리하여 그는 그들의 재산을 빼앗으면서 정의로운 행동을 하는 것이 되며, 그들의 목숨을 살려주는 것이 은총을 베푸는 것이 된다.

그처럼 권리를 통해 사실 검토를 계속해 보면 전제정치의 자발적인 확립이라는 주장에는 진실성이나 견고함이 발견되지 못할 것이다. 그리하여 한쪽에만 의무를 다 지우고 다른 쪽에는 아무 의무도 지우지 않음으로써 의무를 지는 쪽만 불리하게 돌아가는 그런 계약의 유효성을 증명하는 일은 어려운 일일 것이다. 그 추악한 체제는 오늘날에조차 지혜롭고 선량한 군주들, 특히 프랑스 왕들의 체제와는 거리가 아주 멀다. 우리는 그 사실을 프랑스 왕들의 칙령 여러 곳에서, 특히 루이 14세의 이름과 명령으로 1667년에 선포된 유명한 문서의 다음 구절에서 볼 수 있을 것이다.[82] "그러므로 주권자가 그의 국가의 법에 지배받지 않는다고 말하는 것은 허용되지 않는다. 왜냐하면 그 반대 명제가, 때로 아첨꾼들이 공격했지만 선량한 왕들이 변함없이 그들의 국가의 수호신처럼 옹호했던 국제법의 진리이기 때문이다. 현자 플라톤이 말한 것처럼, 한 왕국의 완전한 지복은 왕이 그의 백성들의 복종을 받고 왕은 법에 복종하며 법은 공정하여 언제나 공공의 행복을 향하는 것이라고 말하는 것은 얼마나 정당한 일이겠는가?" 나는, 자유가 인간의 능력 중 가장 고귀한 능력이기 때문에 흉폭하거나 몰상식한 주인의 비위를 맞추기 위해 신의 모든 선물 가운데 가장 소중한 것을 거리낌 없이 포기하거나 신이 금하는 모든 범죄를 범하는 것은 인간의 본성을 타락시켜 본능의 노예인 짐승의 수준으로 떨어뜨리며 자신의 존재의 창조자마저 모욕하는 것은 아닌지, 그리고 또 그 숭고한 장인이 자신의 가장 아름다운 작품이 훼손되는 것을 보는 것보다 그것이 파괴되는 것을 보는 것에 더 분노해야 하는지 탐구하는 데 신경 쓰지는 않을 것이다. 나는 단지 스스로 그 지경까지 타락하는 것을 두려워하지 않은 사람들이 어떤 권리에서 후손들을 똑같은 불명예에 놓이게 할 수 있었으며, 또한 그들의 적선으로 얻게 되는 것이 아닌 자유라는 재산을 어떤 권리에서 후손들 대신 포기할 수 있었는지만을 묻겠다. 그런데 삶을 살 만한 가치가 있는 모든 사람들에게는 그 재산, 즉 자유가 없으면 목숨조차도 짐이 된다.

사람들이 약속과 계약에 의해 타인에게 자신의 재산을 양도하는 것과 마찬가지로 어떤 사람을 위해 자신의 자유를 포기할 수도 있다고 푸펜도르프는 말한다. 그런데 그것은 아주 잘못된 추론인 것 같다. 먼저, 내가 포기하는 재산은 완전히 나와 무관한 것이 되어 그 재산이 남용되더라도 나와는 상관이 없지만 누가 나의 자유를 남용하지 않는 것은 내게 중요하며, 강요당하여 범죄자가 되지 않는 한 나는 범죄의 도구가 되는 위험을 무릅쓰지 않을 것이기 때문이다. 또한 소유권은 인간의 합의이자 제도일 뿐이기에 모든 인간은 자신이 소유한 것을 자기 마음대로 처분할 수 있다. 그러나 각자에게 향유는 허락되지만 포기할 권리가 있는지는 확실치 않은 생명이나 자유 같은 자연의 본질적인 선물의 경우는 그렇지 않다. 이를테면 자유를 제거하는 것은 존재 가치를 떨어뜨리는 일이며, 생명을 제거하는 것은 전력을 다해 존재를 소멸시키는 일이다. 그리고 어떠한 물질적인 부로도 자유와 생명을 보상할 수 없기 때문에 어떠한 대가를 받더라도 그것들을 포기하는 것은 자연과 이성을 동시에 거스르는 일일 것이다. 그러나 설령 재산과 마찬가지로 자유를 양도할 수 있다 할지라도, 자신의 권리의 양도를 통해서만 아버지의 재산을 가지게 되는 자식들에게는 그 차이가 아주 클 것이다. 반면에 자유는 인간의 자격으로 자연으로부터 받은 선물이기 때문에 아버지는 자식들에게서 그 자유를 빼앗을 어떠한 권리도 없다. 따라서 노예제도를 확립하기 위해 자연을 곡해할 필요가 있었던 것처럼 그 권리를 영속화하기 위해 자연을 변화시킬 필요가 있었다. 그리고 노예의 아이는 노예로 태어난다고 엄숙한 투로 말하는 법률가들은, 달리 표현해 보자면 인간은 인간으로 태어나지 않는다고 결말을 지은 것과 마찬가지다.

그러므로 내게는 정부가 전제적인 권력(이 권력은 정부의 타락의 최종 단계에 불과하며, 결국 정부를 유일한 강자의 법으로 귀착시킨다. 그런데 처음에 정부는 오히려 그러한 강자의 법의 치료제였다.)으로부터 시작하지 않았을 뿐만 아니라, 설령 그렇게 시작되었다 할지라도 그 권력은 본래 비합법적인 것이기에 사회의 법에 대해서도, 결과적으로 제도적 불평등에 대해서도 토대로 이용될 수 없었다.

나는 모든 정부의 기본적인 계약의 성질에 대해 아직도 해야 할 연구에 대해서는 여기에서 다루지 않겠다. 단지 공통적인 견해에 따라 정치체의 수립을 그 정치체를 선택하는 국민과 통치자들 사이의 진정한 계약으로 간주하는 것으로 그치겠다.[83] 그런데 그 계약에 따르면, 양측은 계약에 명기되어 양측을 결합하는 끈을 만드는 법규들의 준수에 대한 의무가 있다. 사회적 관계에 대해서는, 국민은 그들 모두의 의지를 하나의 의지로 결합시켰기에 그 의지가 표명되는 모든 조항은 각각 국가의 모든 구성원에게 예외 없이 의무를 부가하는 기본 법률이 된다. 그리고 그 법률 중의 하나는 다른 법의 집행을 감시하는 책임을 진 행정관들의 선출과 권한을 규정한다. 이 권한은 정치체제를 유지할 수 있는 모든 것에까지 미치지만 그 체제를 바꾸기까지는 못한다. 그 권한에는 법과 법의 집행자들을 존경하게 만드는 명예가, 그리고 그 집행자들에게는 개인적으로 훌륭한 다스림을 위해 기울인 노고에 대해 보상해 주는 특권들이 더해진다. 행정관은 자신에게 위임된 권력을 위탁자들의 의향에 따라서만 사용하고, 위탁자들 각자가 자신들에게 속한 것을 평화롭게 향유할 수 있도록 해야 하며, 어떠한 경우에도 자신의 권력을 사적인 이익보다는 공익을 위해 사용해야 한다.

경험이 이와 같은 정치체제의 불가피한 폐해들을 보여 주거나 인간의 마음에 대한 지식이 예상하게 하기 전에는, 이 정치체제의 유지를 감시하는 책임을 지고 있는 사람들이 가장 큰 이해 당사자들인 만큼 이 정치체제는 더욱더 훌륭한 것으로 보였음에 틀림없을 것이다. 왜냐하면 행정관직과 그 권한은 기본법에 기초하여 확립되었기에 그 법이 폐기되자마자 행정관들은 합법적이기를 그치며 국민은 더 이상 그들에게 복종해야 할 의무가 없기 때문이다. 그리고 국가의 본질을 구성하는 것은 행정관이 아니라 법이기에 각 개인은 당연한 권리에 따라 자연적인 자유를 되찾을 것이다.

그 점에 대해 조금만이라도 주의 깊게 숙고해 보면 그것은 새로운 이유들을 통해 확인될 것이다. 그리고 계약은 그것의 본질에 비추어 보아 취소될 수 없는 것임을 알게 될 것이다. 왜냐하면 계약자들의 약속 엄수의 보증이자 그들로 하여금 상호 약속을 지키게 할 수 있는 상위 권력이 없다면 양측 계약자들만이 자기 자신들의 소송에서 유일한 판결자로 남을 것이기 때문이다. 그리하여 각 측은 다른 측이 계약 조건을 위반하거나 그 조건이 자신에게 합당하지 않게 되었다고 생각하자마자 계약을 언제나 포기할 권리를 가질 것이다. 포기 권리는 바로 그 원칙에 바탕을 둘 수 있는 것 같다. 그런데 우리가 지금 하고 있는 것처럼, 인간의 제도에 대해서만 고찰해 보면, 만일 전권을 장악하고 계약상의 모든 이득을 차지하는 행정관이지만 그 권력을 포기할 권리를 가지고 있다면 통치자들의 모든 잘못의 대가를 치르는 국민도 통치받기를 포기할 권리가 당연히 있음은 두말할 필요가 없다. 그러나 그 위험한 권력이 필연적으로 야기하는 끔찍한 대립과 끝없는 무질서는 다른 어떤 것보다도 인간의 정부가 단순한 이성보다 더 견고한 바탕을 얼마나 필요로 했는지, 주권을 마음대로 처분하는 유해한 권리를 백성에게서 빼앗는 신성불가침의 성격을 그 주권에 부여하기 위해 신의 의지가 개입하는 것이 공공의 안녕에 얼마나 필요한 것인지를 보여 준다. 종교가 오직 이 점에서밖에 인간에게 도움이 되지 못했을지라도 그것만으로도 인간은 누구나 종교를 그 폐해까지도 소중히 여기고 받아들여야 한다. 왜냐하면 종교는 종교적 광신이 흘리게 하는 피보다 훨씬 더 많은 피를 절약해 주기 때문이다. 그러면 우리가 세운 가설의 맥락을 따라가 보자.

정부의 여러 형태는 그것이 확립될 당시 개인들 사이에 존재하는 크고 작은 차이에서 기원한다. 한 인간이 힘과 덕망과 부, 혹은 영향력에서 걸출할 경우 그 한 사람만이 행정관으로 선출되고, 국가는 군주제가 되었다. 만일 그들 사이에 몇 사람이 거의 동등하게 남은 모두보다 뛰어날 경우 그들은 동시에 함께 선출되고, 귀족제를 갖게 되었다. 재산이나 재능이 그렇게 불균등하지 않고 자연 상태에서 가장 덜 멀리 간 사람들은 공동으로 최고 행정권을 지니면서 민주정치를 이루었다.[84] 세월은 그 정부 형태 가운데 어느 것이 인간에게 가장 이로운지 증명해 주었다. 어떤 사람들은 오로지 법에만 복종했으며, 또 어떤 사람들은 곧 주인에게 복종했다. 시민들(Citoyens)은 자유를 지키기를 원하는 반면, 신민들(sujets)은 그들 자신이 더 이상 향유하지 못하는 행복을 타인들이 향유하는 것을 참지 못하여, 이웃에게서 자유를 빼앗을 생각만 했다. 요컨대 한편에는 부와 정복이 있었고, 다른 편에는 행복과 미덕이 있었다.

그 여러 모습의 정부들에서는, 처음에는 모든 행정관직은 선출되었다. 그리고 부가 우세하지 못했을 때는 자연적인 영향력을 보여 주는 재능과, 일에서는 경험을 그리고 심의 의결에서는 냉정함을 부여하는 나이 쪽이 더 선호되었다. 히브리인들의 장로들, 스파르타의 게론테스들, 로마의 원로원들, 우리의 세뇨르(Seigneur)라는 말의 어원에 이르기까지 옛날에는 노인이 얼마나 존경을 받았는지를 보여 준다. 나이가 많은 사람이 선출되면 선출될수록 선거는 더 빈번해졌고, 선거의 폐해가 더욱더 감지되었다. 음모가 끼어들고 파당이 형성되었으며, 당파심이 매우 심해졌다. 내란이 일어나, 마침내 시민의 피가 소위 국가의 행복에 희생되었다. 그리하여 이전 시대의 무정부 상태에 다시 떨어지기 직전에 이르렀다. 지배자들의 야심은 자기 가문에서 자신들의 직책의 소유를 영속화하기 위해 그 상황을 이용했다. 종속과 안녕과 안락에 습관이 들어 이미 자신의 쇠사슬을 끊을 수 없는 상태에 놓인 인민(Peuple)은 그들의 평안을 공고히 하기 위해 예속 상태를 증대시키는 일에 동의했다. 그리하여 대물림이 된 지배자들은 그들의 행정관직을 가문의 재산으로 여겼으며, 처음에는 관리에 지나지 않았던 그들이 스스로를 국가의 소유자로 생각했다. 그들은 같은 나라 사람들을 자신들의 노예라고 불렀고, 그들을 가축처럼 자기 소유의 물건으로 여겼으며, 스스로를 신이자 왕 중 왕과 동등한 존재라고 말하는 데 익숙해졌다.

갖가지의 이런 격변들 속에서 불평등의 진전을 추적해 보면 우리는 법과 소유권의 확립이 그 첫 번째 단계이며, 행정관직의 제도가 두 번째 단계였음을, 그리고 세 번째이자 마지막 단계로는 합법적인 권력의 전제 권력으로의 변화였음을 발견할 것이다. 그래서 부자와 가난한 자의 신분은 첫 번째 시기에, 강자와 약자의 신분은 두 번째 시기에, 그리고 주인과 노예의 신분은 세 번째 시기에 의해 허용되었다. 그런데 주인과 노예의 신분은 불평등의 마지막 단계로, 새로운 격변들이 정부를 완전히 해체하거나 정당한 제도에 근접시킬 때까지는 다른 모든 단계가 거기로 귀착되는 단계다.

그러한 진전의 필요성을 이해하기 위해서는 정치체의 확립 동기보다는 실행 속에서 그것이 취하게 되는 형태와 후에 야기하는 단점들을 더 검토해야 한다. 왜냐하면 사회제도를 필요하게 만드는 악덕은 그 제도의 남용을 불가피하게 만든 악덕과 동일한 것이기 때문이다. 그리고 법이 주로 아이들의 교육에 신경을 썼기에, 법(법은 일반적으로 정념보다 덜 강해서 인간을 억제하지만 변화시키지는 못한다.)을 더 이상 추가하지 않아도 될 정도로—리쿠르고스가 사회도덕을 확립한 스파르타만 제외하면—부패되거나 변질됨이 없이 언제나 그 수립 목적에 따라 정확히 움직이는 모든 정부는 필요하지도 않은데 세워졌을 것이라는 사실을, 그리고 또 아무도 법망을 피하지도 않으며 행정관직을 남용하지도 않는 나라는 행정관도 법도 필요하지 않을 것이라는 사실을 증명하기란 어렵지 않을 것이다.

정치 차별은 필연적으로 시민 차별을 야기한다. 시민과 지배자들 사이에 증대되는 불평등은 곧 개인들 사이에도 느껴져, 정념과 재능과 상황에 따라 그 모습이 천차만별로 바뀐다. 행정관은 자기 부하들을 만들지 않고는 부당한 권력을 탈취할 수 없으며, 그의 권력의 일정 부분을 그들에게 양보하지 않을 수 없다.

게다가 시민들은 어떤 맹목적인 야심에 이끌려 그들의 위보다는 아래를 더 바라보면서 지배가 자유보다 더 소중하게 되어, 쇠사슬을 차는 데 동의한 뒤 이제는 다른 사람들에게까지 그 쇠사슬을 채우는 데 동의하는 동안만 억압을 받아들일 뿐이다. 지배하려고 애쓰지 않는 사람을 복종시키기란 매우 어려운 일이다. 그러므로 아무리 능란한 정치인일지라도 자유롭기만을 원하는 사람들을 예속시킬 수는 없을 것이다. 그러나 불평등은 야심적인 인간들이나 비열한 인간들 사이에서는 쉽사리 확산되는데, 그들은 항상 운명적인 위험을 무릅쓰고 그것이 자신에게 유리하게 되는가 불리하게 되는가에 따라 거의 무차별적으로 지배하거나 아니면 섬길 준비가 되어 있다. 그리하여 인민이 그 정도로까지 눈이 멀자, 지배자들은 인간들 중 가장 하찮은 자에게 이렇게 말하기만 하면 되는 시대가 왔음에 틀림없다. "위대하구나, 그대와 그대의 모든 가문은." 그러면 즉시 그는 모든 사람에게, 심지어는 자기 자신의 눈에도 위대하게 보였다. 그리하여 세월이 흐름에 따라 그의 후손들은 지위가 더욱더 높아졌고, 기원으로부터 더 멀어져 희미해지면 희미해질수록 결과는 더욱 커졌으며, 가문에 게으름뱅이 수가 많으면 많을수록 그 가문은 더 유명해졌다.

만일 여기에서 상세히 논할 필요가 있다면, 나는 어떤 사회를 이룬 개인들이 서로를 비교하고 또 지속적으로 갖는 상호 교제 속에서 발견하는 차별들을 고려해야만 하는 상황에 처해지자마자 그들 사이에 어떻게 영향력과 권위의 불평등이 불가피해지는지를 쉽게 설명할 수 있을 것이다.(19*) 그 차별들은 종류가 여러 가지다. 하지만 일반적으로 부나 귀족 신분이나 지위, 권력, 개인적인 장점 등이 주요한 구별의 표지(標識)로, 사회에서는 그것들에 의해 평가되기에 나는 그 서로 다른 세력들의 조화나 대립이 한 국가가 잘 구성되었는지 아닌지에 대한 가장 확실한 표지임을 증명할 것이다. 나는 바로 앞의 네 종류의 불평등 가운데 개인적인 장점이 나머지 것들의 기원이기에 부가 다른 불평등들이 귀착되는 최후의 불평등임을 보여 줄 것이다. 왜냐하면 부는 안락에 가장 직접적으로 유용하고 가장 쉽게 전할 수 있기에 그 밖의 모든 것을 얻기 위해 그것을 쉽게 이용하기 때문이다. 이러한 관찰은 각 국민이 최초의 제도로부터 괴리된 정도와, 최후의 타락 단계를 향해 나아간 경로에 대해 꽤 정확히 판단하게 할 수 있다. 나는 우리 모두를 괴롭히는 평판과 명예와 특혜에 대한 보편적인 욕구가 얼마나 재능과 힘을 훈련시키고 비교하는지, 얼마나 정념을 자극하고 증대시키는지, 또한 모두를 경쟁적이고 경합적으로 만들어, 좀 더 정확히 말해 적으로 만들어 각자 자기 권리를 요구하는 그토록 많은 사람들을 한 투기장 안에서 대결하게 함으로써 매일 얼마나 많은 각종 실패와 성공과 대재앙을 야기하는지를 보여 줄 것이다. 나는 유명해지고자 하는 열의와, 두각을 나타내고자 하여 끊임없이 우리를 흥분으로 몰아넣는 열정 덕분에 인간들 사이에 최상의 것과 최악의 것, 즉 미덕과 악덕, 학문과 오류, 정복자와 철학자, 이를테면 다수의 악한 것과 소수의 선한 것이 동시에 존재한다는 것을 보여 줄 것이다. 끝으로 나는 다음과 같은 사실을 또 보여 줄 것이다. 즉, 다수가 비천함과 가난 속에서 살 때 소수의 권력자와 부자가 권세와 부의 절정을 누리는 것은, 후자의 인간들이 자신이 누리는 것을 전자의 인간들이 가지고 있지 않을 때에만 그 가치를 높게 평가하기 때문이며, 만일 민중이 비참하지 않게 되면 상황을 바꾸지 않고서는 그들이 행복하지 못할 것이라는 사실을 말이다.

 그러나 이런 세부 사항들만으로도 상당한 작업거리[85]가 될 것이다. 그 작업에서는 자연 상태의 권리들과 관련하여 모든 정부의 장점과 단점들이 검토될 것이며, 그런 정부들의 본질과 세월의 흐름과 함께 필연적으로 일어나게 될 대변혁들에 따라 오늘날까지 나타났으며 앞으로 수 세기 동안에도 나타날 수 있을 불평등의 다양한 양상이 드러날 것이다. 우리는, 많은 사람들이 외부로부터 오는 위협에 대해 취했던 대비의 결과 되레 사회 내부에서 억압을 당하고 있는 것을 볼 것이다. 우리는 또 억압이 계속해서 커가는 것을 빤히 보지만 그 억압이 어디에서 멈출 것인지, 억압을 중지시킬 수 있는 어떤 합법적인 방법들이 있는지 억압받는 사람들이 알지 못하는 것을 볼 것이다. 우리는 시민의 권리와 국민의 자유가 조금씩 사라져가는 것을 볼 것이며, 약자들의 저항이 반란을 일으키는 불평쯤으로 치부당하는 것을 보게 될 것이다. 우리는 정치가 공익을 지키는 명예를 인민들 가운데 용병에게만 제한하여 부여하는 것을 볼 것이다. 그로부터 세금의 필요성이 야기되며, 경작자는 낙심하여 평화로운 때조차도 전답을 떠나 쟁기를 내려놓고 검을 착용하는 것을 볼 것이다. 명예에 관한 것에 대해서도 불길하고 기이한 규칙들이 생겨나는 것을 또 볼 것이다. 조국의 수호자가 조만간 적이 되어, 같은 나라 사람들에게 끊임없이 칼을 들이대는 것을 볼 것이다. 그리하여 그가 자기 나라의 압제자에게 이렇게 말하는 것을 듣는 때가 올 것이다.

 "만일 당신이 나의 검을 내 형제의 가슴이나 내 아버지의 목이나 심지어 임신한 내 아내의 배에 꽂으라고 명령하면, 나는 싫지만 다 수행할 것입니다."[86]

신분과 재산상의 극도의 불평등, 정념과 재능의 다양성, 무익하고 해로운 기술, 하찮은 학문 등으로부터 수많은 편견이 생겨나는데, 그 편견들은 또한 이성과 행복과 미덕과는 상반하는 것들이다. 우리는 또 지배자들이 함께 모여 사는 사람들을 갈라놓아 약화시킬 수 있으며, 겉으로는 사회에 화합의 분위기를 주는 척하면서 실제로는 분열의 씨를 뿌릴 수 있으며, 신분들 사이에 권리와 이익을 서로 대립시켜 상호 불신과 증오심을 야기하여 결과적으로 그들 모두를 억압하는 권력을 강화시킬 수 있는 것이면 무엇이든 조장하는 것을 볼 것이다.

전제군주제가 서서히 그의 추악한 머리를 들어 국가의 온갖 분야에서 발견되는 모든 선하고 건전한 것을 게걸스럽게 먹어 치움으로써 마침내 법과 인민을 짓밟고 공화국의 폐허 위에 서게 되는 것은 바로 이 무질서와 대변혁들 속에서다. 이 최후의 변화 이전의 시기는 혼란과 대재앙의 시기일 것이다. 그렇지만 결국 모든 것이 그 괴물(전제군주제)에 의해 삼켜져 버릴 것이다. 인민은 더 이상 지도자나 법이 아닌 전제군주만을 가질 것이다. 그 순간부터는 이제 미풍양속과 미덕이 문제가 아니다. 왜냐하면 전제군주제("그 안에서는 정직한 행동에 대해 아무 믿음도 없다."[87])가 행해지는 곳이면 어디서든 전제군주 외에 어떠한 다른 지배자를 용납하지 않기 때문이다. 전제군주제가 입을 열자마자 고려해야 할 청렴이나 의무는 없어져 버리고, 노예들에게 남아 있는 유일한 미덕은 가장 맹목적인 복종뿐이다.

바로 여기가 불평등의 최후 지점이며, 원을 다 그릴 때 만나게 되는 출발점이자 종점인 것이다. 여기에서는 모든 개인이 이제 아무것도 아니기에 다시 평등해지며, 신민들은 더 이상 지배자의 의지 외의 아무런 법도 갖지 않고 지배자의 정념 외의 아무런 규칙도 갖지 않기에 선에 대한 관념이나 정의에 대한 원리는 다시 사라져버린다. 여기에서는 모든 것이 오로지 최강자의 법으로, 이를테면 우리가 출발점으로 삼은 자연 상태와는 다른 새로운 어떤 자연 상태로 귀결된다. 전자는 순수한 자연 상태였지만 후자는 극단적인 타락의 결과다. 그러나 그 두 상태 사이에는 거의 차이가 없으며, 정부의 계약은 전제군주제에 의해 너무도 파기되어 버려서 전제군주는 자신이 가장 강한 자로 있는 한에서만 지배자이며, 사람들이 그를 쫓아낼 수 있게 되면 그는 그 폭력에 항의할 권리가 없다. 한 술탄을 교살하거나 왕위를 박탈하는 폭동도, 그가 전날 저녁에만 해도 그의 신하들의 목숨과 재산을 마음대로 했던 행동만큼이나 법적 행위다. 오직 힘만이 그를 유지시켜 주었으니, 오직 힘만이 그를 쓰러뜨린다. 만사는 그처럼 자연의 질서에 따라 이루어진다. 그리고 그 짧고 빈번한 격변들의 결과가 어떠하든 누구도 타인의 부당 행위에 항의할 수 없으며, 다만 자신의 경솔이나 불행만을 한탄할 수 있을 뿐이다.

그리하여 인간을 자연 상태에서 문명 상태로 이르게 했을 것임에 틀림없는, 잊혔거나 사라진 길들을 찾아내어 따라가 보면, 내가 조금 앞에서 기록한 중간 단계의 상태들과 시간이 촉박하여 생략해야 했거나 상상력이 미치지 못한 상태들을 복원해 보면, 주의 깊은 독자라면 누구든 그 두 상태 사이에 존재했을 무한한 시간 간격에 놀랄 뿐이리라. 독자가 철학자들이 해결할 수 없는 수많은 도덕적·정치적인 문제들에 대한 해결책을 찾게 되는 것은 바로 사태의 이런 완만한 연속 안에서일 것이다. 각

시대마다의 인간이 동일하지 않기에, 독자는 디오게네스(Dioge-nes)[88]가 인간을 한 사람도 발견하지 못한 이유가 더 이상 존재하지 않는 시대의 인간을 자신의 동시대인들 사이에서 찾았던 때문이라고 느낄 것이다. 독자는 또 카토(Marcus Porcius Cato Uticensis)[89]에 대해 이렇게 말했을 것이다. 카토는 그의 시대에 어울리지 않았기에 로마와 자유와 함께 사라져버렸다. 왜냐하면 인간 중에 가장 위대한 그가 오백 년 전쯤에 태어났다면 세계를 지배할 수도 있었을 터인데, 그저 세계를 놀라게 하는 데 그쳤을 뿐이기 때문이라고. 요컨대 독자는, 인간의 영혼과 정념이 어떻게 조금씩 변질되어 이를테면 본성을 변화시키는지, 왜 우리의 욕망과 쾌락은 결국에 가서는 대상들을 또 바꾸고 마는지, 왜 본원적 인간이 점차 사라져버려 사회가 현자의 눈에는 그 모든 새로운 관계의 산물이자 자연에 진정한 토대를 갖지 않는 인위적인 인간과 부자연스러운 정념의 결합체로밖에 보이지 않는지 설명해 줄 것이다. 관찰은, 이 점에 대해 반성을 통해 우리가 알게 된 것을 완벽하게 확인해 준다. 미개인과 문명인은 마음과 성향이 근본적으로 너무 달라서, 전자에게는 지극한 행복이 후자에게는 절망이 될 수도 있다. 전자는 마음의 안정과 자유만을 호흡하며, 한가롭게 살기를 바랄 뿐이다. 그리하여 스토아 학파의 아타락시아[90]조차도 전자의 다른 모든 대상에 대한 초연함에는 미치지 못한다.[91] 반대로, 언제나 활동적이고 땀 흘려 일하는 시민은 끊임없이 불안해하고 번민하면서 더욱더 힘이 드는 일을 찾는다. 그는 죽을 때까지 일하며, 살아 있고 싶은 상태에서조차 죽음으로 내달리거나, 불멸성을 얻기 위해 목숨까지 포기한다. 그는 자기가 증오하는 높은 신분의 사람들이나 귀족들에게, 자기가 경멸하는 부자들에게 문안을 드린다. 그는 그들을 섬기는 영광을 얻기 위해서라면 어떤 일도 마다하지 않는다. 그는 자신의 비열함과 그들의 보호를 우쭐거리며 자랑한다. 자신의 노예 상태를 자랑스럽게 여기는 그는 그 노예 상태를 함께 나눌 영광을 갖지 못하는 사람들에 대해 경멸하듯이 말한다. 힘은 들지만 선망의 대상인 유럽 대륙의 대신들의 일이 카리브인들에게는 어떤 모습이겠는가! 그 게으르고 무관심한 미개인들은 좋은 일을 하는 만족감으로도 위안을 느끼지 못하는 그런 끔찍한 삶보다 차라리 잔혹한 죽음을 택하지 않겠는가? 그러나 미개인들이 그와 같은 많은 노력의 목적을 알기 위해서는 권력이니 명성이니 하는 단어들이 그들의 정신 속에서 의미를 가질 필요가 있을 것이며, 또 세상 사람들의 이목을 중요하게 생각하여 자신의 판단보다는 타인의 판단에 의해 행복해하고 만족할 줄 아는 부류의 사람들이 있다는 것을 알 필요가 있을 것이다. 사실, 이 모든 차이의 진짜 원인은 다음과 같다. 즉, 미개인은 자기 자신 안에서 사는 데 반해 언제나 자기 밖에서 살아가는 사회인은 타인의 평판 속에서만 살아간다. 그리하여 이를테면 그는 오로지 타인의 판단에 의해서만 자기 자신이 존재하고 있다는 느낌을 갖는다. 그토록 훌륭한 도덕론들이 있으면서도 어떻게 그러한 경향에서 선과 악에 대한 그렇게 극심한 무관심이 생겨나는지, 또는 모든 것이 겉치레로만 귀결되어 명예와 우정과 미덕, 종종 악덕까지 자랑이 될 수 있는 비결을 찾으니 그 모든 것들이 얼마나 위선적이고 뒤틀린 모습이 되어 버렸는지, 요컨대 어떻게 그토록 많은 철학과 인간애와 예절과 감탄할 만한 격언들에 둘러싸여 있으면서도 언제나 타인에게는 우리가 무엇인지를 물으면서 우리 자신에게는 감히 묻지도 않음으로써 미덕 없는 명예나 지혜 없는 이성, 그리고 행복 없는 쾌락 같은 기만적이고 경박한 겉치레만 가지게 되었는지를 보여 주는 것은 나의 주제가 아니다. 나로서는 다만 그것이 인간의 본원적 상태가 아니며, 그처럼 우리의 모든 자연적 성향을 변화시키고 변질시키는 것은 다름 아닌 사회의 정신과 사회가 야기하는 불평등이라는 것을 증명한 것만으로 충분하다.

나는 불평등의 기원과 진전, 정치적인 사회의 확립과 그 폐해를, 인간의 본성에서 연역될 수 있는 범위 내에서 오로지 이성의 빛에 따라, 최고의 권력에 신의 권리를 재가하는 신성한 교리와는 무관하게 설명하려고 노력했다. 이 설명으로부터 당연히 불평등은 자연 상태에서는 거의 없으나 우리의 능력의 발달과 정신의 발전으로부터 그 에너지를 얻어 성장하며, 마침내는 소유권과 법의 제정에 의해 항구적이 되고 합법화된다는 결론이 나온다. 또한 그로부터 오로지 실정법에 의해서만 허용된 도덕적 불평등은 그것이 신체적인 불평등과 정확히 균형을 이루지 못할 때마다 항상 자연법에 위배된다는 결론이 나온다. 이러한 구별은 모든 문명인들 사이에 두루 존재하는 그런 종류의 불평등에 대해서 어떻게 생각해야 하는지를 충분히 밝혀 준다. 왜냐하면 아이가 노인에게 명령하고 바보가 총명한 사람을 통솔하는 것, 굶주린 다수에게는 필요한 것이 모자라는데 소수의 사람에게는 사치품이 넘쳐나는 것은, 자연법을 어떻게 규정하든, 명백히 자연법에 위배되기 때문이다.

작품해설

근대 사회과학의 시작, 루소의 『인간 불평등 기원론』

1

 루소의 어린 시절은 아주 불행했다. 태어나서(1712년) 한 달도 못 되어 어머니가 세상을 떠났기에 고모 쉬잔의 품에서 길러졌고, 10세 때에는 어린 시절 소설과 고전에 입문시켜 준 아버지와 헤어져 고아가 되었다. 16세에는 콩피뇽의 드 퐁베르 사제의 소개서를 들고 바랑 부인의 집을 찾게 되었는데 그 부인과의 만남은 그의 운명에 대전환을 가져다주었다. 그녀는 남작 부인으로 남편과 헤어져 안시에 살고 있었는데, 열한 살 연하의 루소에게 큰 영향을 미쳤기 때문이다.
 바랑 부인의 권유로 루소는 이탈리아 토리노에 있는 성령 수도원에 입소해 가톨릭으로 개종하지만, 그곳에서 빠져나와 토리노 근처를 떠돌며 석 달 동안 베르첼리스 부인 집과 구본 백작 집에서 하인 노릇을 해야 했다. 토리노에서 1년여 동안 머물다가 돌아왔을 때 그는 바랑 부인을 만나지 못했다. 부인이 파리에서 체류하고 있었기 때문이다. 그는 다시 성가대 양성소의 기숙생으로 들어가 있거나 뇌샤텔에서 음악 개인 교사 일을 하는 등 방랑 생활을 계속했다. 그렇지만 천사 같았던 바랑 부인을 잊을 수 없는 그의 마음은 언제나 부인 곁을 맴돌았다.

1731년, 어느 스위스 대령의 조카 집에서 하인 노릇을 하던 루소는 마침내 샹베리에 살고 있는 바랑 부인을 다시 찾았다. 그는 죽기 1년 전에 쓴 『고독한 산책자의 몽상』에서 청춘기에 자신의 운명을 바꾸어놓은 바랑 부인과의 만남과 달콤했던 사랑, 그 그리움을 이렇게 회상한다.

오늘은 꽃 피는 부활절(1778년 4월 12일). 정확히 50년 전 나는 바랑 부인을 처음 만났다. 이 세기가 시작되던 해에 태어난 그녀는 당시 28세였다. 나는 겨우 16세였는데, 지금도 내가 잘 모르는 나의 타고난 성격은 당연히 생명력 넘쳐 나는 내 가슴에 새로운 열정을 부추겼다.

그렇지만 흔히 있을 수 없는 일은, 그 첫 순간이 벗어날 수 없는 사슬이 되어 내 남은 생의 운명을 결정지어 버렸다는 사실이다. 아주 소중한 능력들을 계발하지 못하고 있던 내 영혼은 여전히 어떤 완성된 형태를 이루지 못하고 있었다. 영혼은 애타게 자신에게 그 형태를 부여해 줄 순간을 기다리고 있었지만—그 운명적인 만남으로 촉진되었지만—그 순간은 그렇게 빨리 오지 않았다. 교육이 내게 부여한 소박한 품성을 가지고 살던 나는 사랑과 순결함으로 가득 찬 내 가슴에 감미롭지만 짧았던 그 상태가 오랫동안 지속되는 것을 보았다. 내가 순수하게, 그리고 방해를 받지 않고 전적으로 나 자신이었으며, 내가 삶을 살았다고 진정으로 말할 수 있는 내 생의 그 유일하고 짧았던 시기를, 나는 단 하루도 기쁨과 감동 어린 마음으로 회상하지 않을 때가 없다. 그 짧았지만 소중한 순간이 없었던들 나는 아마 나 자신에 대해 확신을 갖지 못했을 것이다. 왜냐하면 나약하고 저항력이 부족했던 파란만장한 내 삶 속에서 나는 타인들의 편견에 의해 지나치게 동요되거나 괴롭힘당함으로써 거의 무기력해져서, 내 행동 속에서 진정한 나의 것을 분별하기가 어려웠을 것이기 때문이다. 그만큼 가혹한 상황은 끊임없이 나를 괴롭혔다.

하지만 친절과 온정이 넘쳐 나는 한 여인에게서 사랑받았던 그 짧은 몇 년 동안 나는 내가 하고 싶은 일을 했으며, 내가 원하던 모습의 인간으로 살았다. 뿐만 아니라 그녀의 가르침과 본을 받은 나는 여가를 틈타 아직 소박하고 깨끗한 내 영혼에, 그 영혼에 더 적합할 뿐 아니라 그 영혼이 끊임없이 간직했던 형태를 부여할 수 있었다. 나는 바랑 부인에게 시골에서 살도록 권유했다. 계곡의 비탈에 있는 외딴 집 한 채는 우리의 달콤한 은거지였다. 바로 그곳에서 나는 4, 5년간 내 1세기 동안의 삶을 향유했을 뿐 아니라, 내 현재 운명의 온갖 끔찍한 것들을 어떤 마력을 가지고 감싸주는 순수하고 충만한 행복을 누렸다. 나의 시간은 온통 애정 어린 보살핌과 전원에 관한 일로 가득 채워졌다. 나는 그와 같은 달콤한 삶이 지속되는 것 말고는 아무것도 바라는 것이 없었다. 내 유일한 걱정은 그 상태가 오래 지속되지 않을지도 모른다는 두려움뿐이었다. 그런데 우리의 부자연스러운 처지에서 생겨나는 그 두려움은 전혀 근거 없는 것이 아니었다. 그리하여 나는 내 불안을 달래줌과 동시에 그 불안이 가져오는 여파를 예방하기 위한 능력을 키우기로 작정했다. 나는 그 불행을 예방하기 위해서는 재능을 비축하는 것이 가장 확실한 길이라고 생각했다. 그리하여 이 세상 여인들 중에서 누구보다도 훌륭한 그 여인에게 내가 졌던 신세를 언젠가 보답할 수 있도록 내 여유 시간을 활용하기로 결심했다.

자신의 결심대로 바랑 부인에게 보답하기 위해 루소는 샤르메트 계곡의 그 은밀하고 사랑스러운 집에서 독학을 시작하여 방대한 분야의 서적을 섭렵했다. 로크, 스피노자, 라이프니츠, 몽테뉴, 홉스, 흐로티위스 등의 철학자들은 물론 역사, 천문학, 화학, 물리학 등 그의 독서 범위는 제한이 없었다. 어떻게 보면 요즈음 학문의 화두 가운데 하나인 '통섭'이라는 말에 어울리는 학문 연마였던 것이다. 그의 저서들에서 보이는 폭넓은 지식은 그때 습득된 것으로, 출세작이라 할 수 있는 『학문과 예술에 대하여』(1750)에서부터 그는 자신의 그 다영역성의 실력을 유감없이 발휘했다. 그가 1762년 『사회계약론』과 『에밀』로 파문을 일으킨 뒤 체포를 피해 황망히 몽모랑시를 떠나던 바로 그해에 그녀는 공교롭게도 세상을 떠났다.

그녀는 그처럼 예민하고 섬세한 감수성을 지닌 청년에게 영혼을 뒤흔드는 사랑을 불러일으킴으로써 그의 감정 교육에 결정적인 안내자가 되어주었으며, 샤르메트 계곡에 거처를 마련해 줌으로써 광범위한 독서에 열중할 수 있는 소중한 기회를 제공해 주었다. 그녀는 그에게 그처럼 매혹적인 자연 속에서 모성애적이고 이상주의적인 사랑을 싹트게 함으로써 『신(新)엘로이즈』(1761)를 비롯해 이후의 전원적이고 낭만적인 감정을 토로하는 문학적 상상력에 큰 영향을 미쳤으며, 나아가 절대왕정의 붕괴와 민주주의 이론에 든든한 토대를 마련해 준 명저들을 준비할 수 있도록 그의 재능을 연마하는 데 필요한 밑거름을 제공해 주기도 했다.

어찌 보면 루소는 열등의식이 많은 사람이었으며, 그의 말대로 여리고 소심한 사람이기도 했다. 그럴 수밖에 없었던 것이, 그야말로 그는 '미천한 존재'로 태어났기 때문이다. '미천한 존재'라는 말은 물론 사회·경제적인 측면에서의 이야기다. 아무런 작위도 없는 집안에서 태어난 데다 가난했던 그에게는 사회적으로 내세울 수 있는 게 아무것도 없었다. 그리하여 그는 젊은 시절 하인에서 비서, 가정교사에 이르기까지 사회의 밑바닥 직업을 전전했다.

그는 38세에 출세작 『학문과 예술에 대하여』로 디종 아카데미에서 일등상을 받았다. 그 뒤로 이어지는 그의 주목할 만한 저서들은 그를 프랑스 대혁명과 민주주의와 19세기 낭만주의에 지대한 영향을 미친 18세기의 주요 인물로 만들었다. 1745년 디드로와 볼테르를 알게 되고, 1748년 『백과사전』에 음악에 관한 항목들을 집필해 달라는 부탁이 인연이 되어 달랑베르와 알게 된 그는, 그들과 함께 자유와 평등에 관한 글들을 출판함으로써 프랑스 대혁명의 발발에 주요한 이론적 근거를 제공해 주었다.

인류의 자유와 평등, 그리고 민주주의에 큰 영향을 주었던 그 '힘없는' 루소는 하지만 그 시대에는 사방에 적들뿐이었다. 자신의 정당성을 주장하면서 대중의 이해와 동정을 구하기 위해 애써보기도 했지만 별반 소용이 없었다. 불안과 공포로 피폐해져 가는 그의 영혼은 그럴수록 그에게 안도와 휴식을 제공하는 자연 속으로 몸을 숨기도록 만들었다.

그처럼 그는 현실적으로 아무 힘이 없었으며, 지닌 것이라고는 방어 겸 공격 무기인 '말의 포탄' 뿐이었다. 하지만 그 '말의 포탄'이 힘을 가졌던가? 아니다, 적어도 그가 살던 현실에서는 무력했고, 스캔들만을 불러일으켰다. 이미 세론(世論)은 그의 '말의 포탄'에 대한 방공호를 철저히 구축해 놓았던 것이다. 그의 말에 따르면 『고독한 산책자의 몽상』을 쓰기 시작하기 두 달 전까지도 그 '말의 포탄'은 철저히 무력했다.

그렇다면 루소는 어디를 향해 그것을 쏘아댔을까? 미래였고, 역사였다. 그는 최후의 승리자가 되기를 기다렸다. 시간이 흐를수록 그것은 파괴력을 얻어갈 터였다. 그리하여 그것은 마침내 원자탄보

작품해설 123

다 더 강력한 파괴력을 가지게 될 것이었다.

　루소는 미래를 믿었으며, 역사를 믿었다. 그는 성공적인 인간의 업적은 '불멸의 칙령' 속에 기재된다는 사실을 믿어 의심치 않았다. 그의 믿음은 옳았다. 가느다란 펜에서 쏟아져 나온 검은색의 작은 '말의 포탄들'은 어떤 무기보다 더 큰 힘과 영향력을 발휘해, 그가 죽은 지 몇 년 후부터 우리가 살고 있는 이 시대까지 그를 옹호해 주고 있기 때문이다.

　그것들은 또한 루소 자신만을 옹호해 주는 일에 머물지 않는다. 그 자신의 신조가 그러했듯이 진리와 정의를 수호하는 사람들, '본질적인 것'을 추구하고 실천하는 사람들을 옹호하고 격려해 줌으로써 불멸의 힘을 발휘하고 있다. 살아 있을 때 그렇게 세상 사람들의 비난과 증오만을 받았던 그 '힘없는 자'는 전설적인 인물처럼 영원히 살아남아 불멸의 월계관으로 보답받고 있는 것이다.

2

　1753년 11월, 루소는 《메르퀴르 드 프랑스》에서 디종 아카데미에서 내건 논문 현상 공모 제목을 접하고 고무된다.

　이미 사 년 전 같은 아카데미에서 내건 공모에 응하여 일등상을 받은 적이 있으며, 일 년 후에는 그 일등상 논문을 '학문 예술론'이라는 제목으로 출판했기 때문이다. 당시 아카데미 논문 공모 제목은 '학문과 예술의 진보는 풍속의 순화에 기여했는가?'였다. 그에 루소는 '그렇지 않다. 문명의 진보는 오히려 도덕의 퇴보를 가져와 인류 역사를 불행과 악덕으로 넘쳐나게 하는 데 기여했을 뿐이다.'라는 내용으로 답함으로써 일등상의 영예는 얻었지만 동시에 많은 논객들의 반박을 불러 논쟁에 휘말려 들어야 했다. 논쟁의 와중에 루소는 폴란드의 왕 스타니스와프의 반박을 받게 되는데, 그 반박에 대한 재반박문에서 루소는 이렇게 쓴다.

> 그는 내게 이렇게 이야기한다. "방종과 사치가 기원하는 것은 학문이 아니라 언제나 부자의 가슴이다." 나 또한 학문에서 사치가 태어났다고 말한 적이 없다. 그것들은 동시에 태어났으며, 한쪽이 없이는 다른 한쪽도 가능하지 못한다고 말했을 뿐이다. 그 계보를 다시 정리해 보겠다. 악의 근원은 불평등이다. 왜냐하면 불평등에서 부가 도출되기 때문이다. 가난과 부라는 말은 상관적이어서 평등한 곳에는 부자도 가난한 자도 없을 것이다. 사치와 무위는 부에서 생겨난다. 예술은 사치에서 생겨나며 학문은 무위에서 생겨난다.

반박의 과정 속에서 불평등이라는 문제를 이렇게 제기한 루소는 그 후 이 문제에 대해 좀 더 성찰하고 정리해 볼 필요를 느껴왔다. 그의 주장처럼, 악은 불평등에서 유래한다. 그러면 그 불평등은 어디에서 유래하는 것인가? 어떻게 보면, 불평등의 기원을 검토해 보지 않고는 악의 진정한 기원을 증명할 수 없는 일이다.

그러던 중, 《메르퀴르 드 프랑스》에서 접한 다음과 같은 논문 공모에 관한 기사는 루소의 마음을 크게 설레게 만든다. "다음 문제를 가장 잘 해결한 자에게는 30피스톨 상당의 금메달과 함께 1753년도의 도덕상이 수여될 것임. '인간들 사이 불평등의 기원은 무엇이며, 불평등은 자연법에 의해 허용되는가.' 프랑스어로 쓰든 라틴어로 쓰든 각자의 자유임. 읽는 데 사십오 분이 넘지 않는 분량이어야 함. 논문 발송비는 발송자 부담으로 하되, 4월 1일까지의 도착분에 한함. 보낼 주소는 다음과 같음. 디종 시 비외마르셰 거리, 아카데 미 사무국장 프티 씨 앞."

루소는 곧바로 생제르맹 숲으로 들어가 일주일 동안 그곳에서 그 주제에 대해 명상한다. 디종 아카데미가 '이토록 과감한 주제를 내걸었으니' 자신 또한 이제 그에 대해 '과감하게 쓸 기회'라고 생각하며 공모에 응하지만 이번에는 전처럼 상을 받지 못한다. "사유재산제도가 인간들 사이에 불평등을 초래했으며, 기존의 법과 정치제도는 모두 그 사유재산을 보호하도록 만들어진 것이기에 변혁이 이루어져야 한다는 논리를 전개함으로써 지나치게 급진적인 데다 절대왕정을 턱밑에서 비판"했기 때문이다. 어쨌든 루소는 그 낙선작을 이 년 뒤인 1755년 4월에 '인간 불평등 기원론'이라는 제목으로 출판하게 되는데, 이 작품은 그의 모든 작품 가운데서 가장 영향력 있는 작품이 되었다. 물론 그의 후기 걸작들, 즉 『신(新)엘로이즈』(1760)와 『에밀』(1762), 『사회계약론』(1762) 등이 보다 더 '본질적'인 작품들인 것은 사실이지만 그의 초기의 이 걸작은 『사회계약론』의 싹을 내포하고 있을 뿐만 아니라 "루소가 프랑스 혁명에 중요하게 기여했고 근대 사회과학의 창시자로 주장되는 것은 바로 이 『인간 불평등 기원론』의 저자로서"이기 때문이다. 당시 이 '투쟁서'는 여러 나라의 많은 사람들에게 영향을 끼치는데, 그 가운데 독일 계몽주의의 대표적인 작가인 고트홀트 에프라임 레싱(Gotthold Ephraim Lessing, 1729~1781)은 그 작품에 대해 이렇게 찬사를 아끼지 않았다.

현재 인간들 사이에 만연해 있는 불평등은—학식이 인간을 보다 덕성스럽게 만들고 싶어 한다면—루소보다 더 나은 후원자를 발견하지 못한 것처럼 보인다. 그는 어디서나 용감한 철학자로서, 아무리 널리 용인되고 있는 편견이라고 해도 그 어떤 편견도 따르지 않고 진리를 향해 똑바로 나아가며, 한 걸음 떼어놓을 때마다 전혀 개의치 않고 진리를 위해 거짓 진리들을 희생시킨다.

이와는 반대로 같은 세기에 루소 못지않게 유명한 계몽주의 사상가 볼테르는 이 작품을 읽으면서 불쾌감을 감추지 못한다. 대도시 파리의 아들로서 인간의 문화적 성과의 옹호자이기도 한 그로서는 루소의 '자연 상태'의 삶과 '미개인'에 대한 옹호와 열광이 마음에 크게 거슬렸다. 그리하여 그는 루소가 직접 보내온 책을 읽은 뒤 "인류에 반하는 당신의 신간을 고맙게 잘 받았습니다."라는 비꼬는 내용이 포함된 답장을 보내는가 하면, 읽어가면서 "네발로 기고 싶은 충동"을 불러일으키는 책이라고 말하기도 했으며, "부자들이 가난한 자들에게 약탈당하는 것을 보고 싶어 하는 거지의 철학"이라고 노골적으로 비판하기도 한다. 그 비판은 물론, 루소와는 달리 그가 고향에 많은 토지를 소유하고 있었기 때문이기도 하다. 루소는 볼테르 외에도, 사회학자 아르놀트 하우저의 지적처럼, "교양 있는 상류층의 모든 사람들에게 바보이자 허풍선이일 뿐만 아니라 위험한 모험가이자 범죄자"로도 비쳤는데, 그것은 하인 노릇부터 해온 루소와 교양 있는 상류층 사이에는 "단지 견해의 차이뿐 아니라 중대한 계급 갈등"이 존재했기 때문이기도 했다.

『인간 불평등 기원론』은 인류학이자 인간학이며 정치·사회 사상사이기도 하다. 루소는 추론적인 방법으로 인류의 역사를 멀리까지 거슬러 올라간다. '하는 일 없이 먹을 것 등 기본적인 필요에 만족하며 자기 보존 외에는 거의 원하는 것 없이 홀로 돌아다니면서 살던 시대'의 그 원시적인 자연 상태가 루소에게는 인류에게 가장 행복했던 시대였다. 그것은 곧 '낙원'이기도 했다. 루소는 그때의 그런 자연 상태의 인간을 '미개인'으로 칭한다. 오랜 세월과 더불어 이성이 훈련되고 성찰을 할 줄 알게 되면서 선악을 알게 되며, 자기 보존에 대한 불안 의식은 홀로 떨어져 사는 것의 위험과 불행을 깨닫게 된다. 그 상태는 이를테면 루소에게는 역설적으로 인류의 '타락'의 시작이며, 성경적으로 말하면 아담과 하와가 '죄'를 지어 에덴동산에서 추방당하는 시기와 유사하다. 에덴동산에 대해서처럼 물론 그 원초적인 자연 상태를 실증적으로 검증할 수는 없다. 루소 자신의 말처럼, 그런 자연 상태는 어쩌면 결코 존재한 적이 없을 수 있다. 그렇지만 그 상태를 가정해 볼 필요는 있다. 역사에서 오랜 시간의 간격을 가늠해 볼 수 있기 위해서는 우선 어떤 영도(零度) 지점을 규정할 필요가 있기 때문이다. 루소는 역사의 그 영도 지점의 인간 삶을 이렇게 묘사하고 있다.

일도 언어도 집도 전쟁도 서로 간의 교류도 없이 숲 속을 이리저리 돌아다니는 미개인은 다른 동료 인간의 필요를 전혀 느끼지 않았을 것이고, 해칠 욕구도 없었을 것이며, 그들 중 누구도 개인적으로 알려고도 하지 않았을 것이다. 그는 정념에도 거의 지배받지 않고 자족하면서 그 상태에 알맞은 감정과 지식만을 가졌으며, 자신의 진정한 필요만을 느꼈고, 보는 것이 재미있다고 생각되는 것만 바라보았다. 그리고 그의 지능은 허영심만큼이나 발달하지 못했다. 설령 우연히도 그가 어떤 발견을 했다손 치더라도 자기 자식조차 알아보지 못했던 만큼 더더욱 그 발견을 타인에게 전하지 못했다. 기술은 그 발명자의 죽음과 함께 잊혀 버렸다. 교육도 진보도 없었으며, 세월은 오랫동안 무용하게 흘러갔다. 그리하여 각각의 세대는 언제나 동일한 지점에서 출발했으며, 오랜 세월 동안 인류 초기에서처럼 전혀 발전 없이 흘러갔다. 인류라는 종은 이미 늙었는데도 인간은 여전히 어린아이로 머물러 있었다.

오랜 세월이 다시 흐르면서 자연 상태의 인류는 문명의 상태로 들어선다. 이제 문명인은 자기 개인의 신체적 안전이나 기초적인 필요의 충족에 만족하지 않는다. 그는 잉여를 탐하게 되며 남이 원하는 것을 탐한다. 나아가 그는 자신의 힘이나 아름다움을 과시함으로써 타인을 매료시키려 한다. 그는 이제 타인의 견해를 따르는 삶을 살게 됨으로써 타인의 판단에서만 자기 존재에 대한 감정을 얻게 되며, 타인의 시선에 의해 자신이 정의되기를 원한다. 이를테면 그것은 '홀로 흩어져 살았던 원시적인 삶'에 대한 종말이며, 인간 사이의 불평등과 동시에 악덕을 향한 첫걸음인 것이다. 홀로 숲 속을 떠돌며 살던 그들은 점점 함께 모여 살게 되었던 것이다. 이처럼 "서로의 차이에 대한 비교 의식과 자신의 우월성을 대중적으로 확인받고 싶어 하는 욕구들이 소유욕과 결합하면서 상황은 더욱 악화된다. 요컨대 혼자서 두 사람 몫의 양식을 차지하는 것이 유리함을 알아차리게 되자마자 평등이 사라지고 소유가 도입되고 노동이 필요하게 되었으며, 광대한 숲은 인간이 땀으로 적셔야 할 들판으로 변했고 머지않아 그 들판에서 수확과 더불어 예속과 비참이 싹터 증가하게 되었다." 정치적 공동체를 형성하고 정부를 가지게 되는 바로 그때가 인류에게는 자연 상태와의 결별이며, 따라서 그 자연 상태의 '낙원'에서 '추방'되어 비참 속에서 허덕이게 된다. 루소는 『인간 불평등 기원론』의 2부를 다음과 같은 유명한 구문으로 시작하면서 자연 상태의 종말과 소유 관념의 형성, 그로 인한 지속적인 인류의 파멸을 아쉬워한다.

한 땅에 울타리를 치고 "이것은 내 것이야."라고 말할 생각을 해내고, 다른 사람들이 그 말을 믿을 만큼 순진하다고 생각한 최초의 인간이 문명사회의 실제 창시자다. 말뚝을 뽑아버리거나 땅의 경계로 파놓은 도랑을 메우면서 동류의 인간들에게 이렇게 고함을 친 사람이 있었다면 그는 인류에게 얼마나 많은 범죄와 전쟁과 살상과 불안과 공포를 면하게 해주었을 것인가. "여러분, 저 사기꾼의 말을 듣지 마시오. 만일 과일은 우리 모두의 것이고, 땅은 어느 누구의 것도 아님을 망각하면 당신들은 파멸이오." 그러나 그땐 이미 상황이 더 이상 이전처럼 지속될 수 없을 정도가 되어버린 것 같다. 왜냐하면 연달아 생겨날 수밖에 없었던 이전의 많은 관념들에 의존하는 그 소유 관념은 인간의 정신에 어느 날 갑자기 형성되지 않았기 때문이다. 자연 상태의 그 마지막 지점에 이르기까지는 많은 발전이 필요했으며, 많은 솜씨와 지식을 획득하여 세대를 이어가며 그것들을 전하고 증대시킬 필요가 있었다.

한번 자연 상태에서 벗어나 다른 인간들과 함께 사는 데 익숙해진 인간은 이제 다른 인간들 없이는 살 수가 없게 된다. 그 다른 인간들이 자신의 숙적일지라도 말이다. 그처럼 이제 인간들 사이에 존재하는 '증오의 끈'은 그 어떤 끈보다 끈질긴 파괴력을 발휘한다. 그 증오의 끈은 물론 소유욕의 당연한 귀결일 것이다. 그리하여 인류 사회는 토머스 홉스의 말처럼 이제 '만인의 만인에 대한 투쟁'의 장(場)으로 변해 버린다. 이런 상태에서는 당연히 가진 자, 즉 힘센 자가 지배하지 않을 수 없는 사회가 된다. 갈수록 힘센 자의 지배는 강화되고 가난한 자, 즉 약한 자의 의무는 커간다. 그리하여 사회 속의 구성원 간의 인간관계는 주인과 노예의 관계로 굳어져 버린다. 루소는 "최초의 순수성을 유지한 자연 상태가 아니라 극단적인 타락에 바탕을 둔 자연 상태"에서의 힘 있는 자들을 이렇게 비판하며 그의 논문을 끝맺는다.

 나는 불평등의 기원과 진전, 정치적인 사회의 확립과 그 폐해를, 인간의 본성에서 연역될 수 있는 범위 내에서 오로지 이성의 빛에 따라, 최고의 권력에 신의 권리를 재가하는 신성한 교리와는 무관하게 설명하려고 노력했다. 이 설명으로부터 당연히 불평등은 자연 상태에서는 거의 없으나 우리의 능력의 발달과 정신의 발전으로부터 그 에너지를 얻어 성장하며, 마침내는 소유권과 법의 제정에 의해 항구적이 되고 합법화된다는 결론이 나온다. 또한 그로부터 오로지 실정법에 의해서만 허용된 도덕적 불평등은 그것이 신체적인 불평등과 정확히 균형을 이루지 못할 때마다 항상 자연법에 위배된다는 결론이 나온다. 이러한 구별은 모든 문명인들 사이에 두루 존재하는 그런 종류의 불평등에 대해서 어떻게 생각해야 하는지를 충분히 밝혀 준다. 왜냐하면 아이가 노인에게 명령하고 바보가 총명한 사람을 통솔하는 것, 굶주린 다수에게는 필요한 것이 모자라는데 소수의 사람에게는 사치품이 넘쳐나는 것은, 자연법을 어떻게 규정하든, 명백히 자연법에 위배되기 때문이다.

이처럼, 인간은 사악하다. 그러나 루소가 보기에 자연 상태에서 이미 멀리 떠나온 인간은 사악할지언정 인간의 본성은 사악하지 않다. 천성적으로는 선하다. 인간을 이렇게까지 타락시킨 장본인은 인간이 이룩한 발전과 인간이 획득한 지식이다. 인간 사회는 그들의 이해관계가 중대함에 따라 서로를 증오하지 않을 수 없게 되며, 겉으로야 서로 돕는 척하지만 실제로는 상상할 수 있는 온갖 해악을 서로에게 가한다. 사람들은 사회 속에서 서로 이해가 상충되기에 증오한다. 이처럼, 루소에게 인간은 천성적으로는 선하지만 타인과의 관계 속에서, 다시 말해 인간이 모여 형성된 사회의 문화적 환경 속에서 사악하게 변하지 않을 수가 없었다. 인간은 그렇게 필연적으로 타락하지 않을 수 없었다. 사회 속의 인간은 이제 더 이상 천성적으로 선하며 평온과 평화를 추구하는 여유로운 미개인으로, 사유재산제도를, 따라서 불평등을 알지 못하는 원시적 자연 상태로 돌아갈 수가 없다.

미개인은 식사를 하고 나면 자연 전체와 화목해지며 동족 모두와 친구가 된다. 때때로 먹을 것을 두고 다투는 경우도 있겠지만 그들은 이기는 것의 어려움과, 다른 곳에서 먹을 것을 구하는 것의 어려움을 먼저 비교하지 않고는 싸움에까지 이르지 않는다. 그리고 그 싸움에는 오만이 섞여 있지 않기 때문에 몇 번 주먹을 날리는 것으로 끝이 난다. 승자가 먹고 패자는 행운을 찾으러 다른 곳으로 간다. 그리하여 다시 완전한 평화를 되찾는다.

그렇다면 자연 상태를 벗어난 인간이 순수하고 행복했던 그 '미개인의 신화적인 이미지'를 되찾는 길은 무엇인가? 아니, 그것까지 되찾지는 못할지라도 약한 자가 힘센 자의 지배에서 벗어날 수 있게 하는 길은 무엇인가?

그에 대한 답변들이 제시된 작품들이 바로 『에밀』과 『사회계약론』이다. 『에밀』에서 루소는 자연 상태의 미개인이 지녔던 천성적인 선함과 자유, 그리고 천복을 되찾아 주기 위한 교육을 에밀에게 시키고 있으며, 『사회계약론』에서는 '자신의 힘과 자유를 타인의 유용을 위해 완전히 양도해야 한다.'라는 사회계약에 바탕을 둔 이상적인 사회를 그리고 있기 때문이다.

루소의 주석

1*)

헤로도토스는 다음과 같은 이야기를 하고 있다. 즉, 일곱 명의 페르시아 해방자가 가짜 스메르디스를 살해한 뒤 국가에 부여할 정체에 대해 토의하러 한자리에 모였을 때 오타네스는 열렬히 공화정에 찬성했다. 제국에 요구할 권리가 있는 태수(太守)의 입에서 나왔을 뿐만 아니라, 귀족들이 자신들로 하여금 백성을 공경하게 만드는 정부를 죽는 것보다도 더 두려워하는 만큼 더욱더 놀라운 견해다. 오타네스의 말에, 당연히 그리리라 짐작하겠지만, 아무도 귀 기울이지 않았다. 그리하여 그는 그들 일곱 명 가운데에서 군주 한 명의 선출에 들어가려 할 참에 복종하는 것도 명령하는 것도 원하지 않았으므로 다른 경쟁자들에게 군주 피선출권을 기꺼이 양보하면서 보상으로는 단지 자신과 자기 후손의 자유와 독립만을 요구했다. 그는 그 요구에 대한 동의를 얻어냈다. 비록 헤로도토스가 우리에게 그가 얻어낸 특권의 제한에 대해 가르쳐주지 않았을지언정 당연히 그 제한을 감안해야 할 것이다. 그렇지 않으면 오타네스는 어떠한 종류의 법도 인정하지 않고 아무에게도 복종할 의무를 갖지 않음으로써 국가 내에서 전능하며 왕보다도 더 큰 권력을 가지는 것으로 보일 수 있을 것이다. 그러나 그와 같은 경우 그 특권에 만족할 사람이 그것을 남용했을 것 같지는 않다. 실제로, 오타네스나 그의 후손들이 그 특권을 남용함으로써 왕국에 불화를 야기한 흔적은 전혀 보이지 않는다.

2*)

시작부터 나는 철학자들로부터 존경을 받는 그 권위 있는 말 가운데 하나에 신뢰를 보내며 의지한다. 왜냐하면 그러한 권위 있는 말은 철학자들만이 발견하고 느낄 줄 아는 신뢰할 만한 섬세한 논거에서 나오기 때문이다.

"우리가 아무리 우리 자신을 아는 일에 관심을 가지고 있다 할지라도 우리는 우리 자신에 대해서보다는 우리 자신이 아닌 것에 대해 더 잘 알고 있는 것은 아닌지. 우리는, 자기 보존을 위해서만 자연으로부터 부여받은 기관들을, 외부의 인상을 받아들이는 데만 사용한다. 우리는 우리 자신을 외부로 쏟아내어 우리 밖에서 존재하려고 애쓸 뿐이다. 우리는, 감관의 기능을 확대하고 존재의 외적인 연장에 너무 신경을 씀으로써, 우리의 진짜 크기로 우리를 되돌아가게 하여 우리에게 속하지 않는 모든 것으로부터 우리를 구별하는 그 내부 감관을 잘 사용하지 않는다. 그런데 우리 자신을 알고 싶으면 그 감관을 사용해야 한다. 감관을 통해서만 우리 자신을 판단할 수 있기 때문이다. 그런데 어떻게 그 감관에 활동을 부여하고, 감관의 연장을 최대한 가능하게 할 것인가? 감각이 깃드는 우리의 영혼을, 정신의 온갖 미망으로부터 어떻게 구출할 것인가? 영혼은 우리가 그 사용 습관을 잃음으로써 우리의 육체적인 감각의 혼란 가운데에서 활동을 중지한 채 있다. 그것은 우리 정념의 불에 말라버렸다. 마음, 정신, 감관은 모두 영혼에 불리하게 작용했다."
(뷔퐁의 『박물지』, 4권 「인간의 본성에 관하여」, 151쪽)

3*)

오랜 직립보행 습관이 인간의 구조에 야기할 수 있었던 변화와, 인간의 팔과 네발짐승 사이에 아직도 관찰되는 관계, 그리고 걷는 방식에서 끌어낼 수 있는 추론은 가장 자연스러웠을 걷는 방식에 대한 의문을 우리에게 불러일으켰다. 모든 아이는 손과 발로 걸음마를 시작한다. 따라서 서 있기 위해서는 우리가 보여 주는 모범과 가르침이 필요하다. 아이들에게 아주 무관심하여 너무도 오랜 시절을 손을 짚고 걷게 내버려 둠으로써 일어서는 데 큰 어려움을 겪는 호텐토트족 같은 미개민족도 있다. 서인도제도의 카리브인 아이들도 마찬가지로 그렇다. 네발로 걷는 인간들에 대한 실례는 여럿 있다. 그런데 그중에서도 특히 나는 1344년에 헤센 근처에서 발견된 한 아이의 예를 들겠다. 그 아이는 그곳에서 이리에게 양육되었으며, 그 뒤 하인리히 공의 궁정으로 옮겨져 와 살면서 만일 자기 마음대로 할 수만 있다면 이리들이 있는 곳으로 다시 돌아가고 싶다고 말하곤 했다. 그는 그 동물들처럼 걷는 습관이 깊이 들어서 두 발로 서서 균형을 잡을 수 있도록 하기 위해 나무 막대기로 매어둘 필요가 있었다. 1694년 리투아니아 숲 속에서 곰들과 함께 살고 있다가 발견된 아이도 같은 경우였다. 콩디야크 씨의 말에 의하면, 그 아이는 이성에 대한 흔적은 전혀 보이지 않았으며, 손과 발로 걸었으며 말도 할 줄 몰라 발음은 한다고 하지만 사람의 것과는 전혀 닮지 않았다. 몇 년 전 영국의 궁정으로 데리고 온 하노버의 미개 소년은 두 발로 걸을 수 있게 될 때까지 갖은 어려움을 겪었다. 1719년에는 피레네산맥에서 미개인 두 명이 발견되었는데, 그들은 네발짐승처럼 산을 뛰어다니고 있었다. 사람들은 우리가 너무도 유용하게 이용하는 손의 사용을 포기하는 것이라고 반박할지 모르지만, 그것은 원숭이들의 예가 손이 두 가지 방식으로 아주 잘 이용될 수 있다는 것을 보여 줄 뿐만 아니라 인간이 자신의 수족을 자연이 정한 용도보다 더 편리한 용도로 사용할 수 있다는 것을, 그리고 또 자연 자신이 가르쳐주는 것과 다르게 걷게 하는 운명을 인간에게 주었다는 것을 증명해 줄 것이다.

그러나 인간이 두발짐승이라는 것을 주장하기 위한 훨씬 더 확실한 근거가 있는 것 같다. 먼저, 인간이 처음에는 우리가 현재 보는 것과 다른 형태를 지니고 있었으나 마침내 현재의 모습이 되었다는 것을 보여 줄지라도 그것만으로는 그것이 그렇게 되었다고 결론 내리기에는 충분하지 못할 것이다. 왜냐하면 그러한 변화의 가능성을 보여 주었을지언정 그 변화를 인정하기 위해서는 적어도 그 증거를 더 보여 줄 필요가 있기 때문이다. 게다가 설령 필요할 때 인간의 팔이 다리로 이용되었다고 할지라도 그것은 이 학설에 유리한 단 하나의 관찰일 뿐이며, 그에 불리한 관찰들이 너무 많다. 그 주된 것들을 보면 다음과 같다. 먼저, 인간의 머리가 몸에 붙어 있는 방식은 다른 동물들처럼, 그리고 또 인간도 서서 걸을 때에 그러는 것처럼 시선을 수평으로 향하는 대신, 네발로 걸을 때에는 두 눈을 바로 땅으로 처박게 했을 것이다. 이것은 개체의 보존에는 아주 불리한 상황이다. 다음으로, 인간에게는 없으며 두 다리로 걷는 데는 필요가 없는 꼬리는 네발짐승에게는 유용하기에 꼬리 없는 네발짐승은 없으며, 아이를 두 팔로 안는 두발짐승의 암놈에게는 아주 잘 위치한 젖가슴이 네발짐승에게는 너무 그렇지 못하며, 따라서 그런 식으로 젖가슴이 위치한 네발짐승은 한 종류도 없다. 그리고 또 하반신이 상반신에 비해 너무 길어서 네발로 걷게 되면 우리는 무릎으로 끄는 수밖에 없기에 그로 인해 균형을 잃어 편하게 걸을 수 없는 동물이 되었을 것이다. 그리고 만일 인간이 발을 손과 마찬가지로 땅바닥에 댄다면 다른 동물에 비해 뒷다리의 관절이, 즉 정강이를 경골에 이어주는 관절이 하나 모자라기에 발끝만을 땅바닥에 놓게 될 것이며, 발목뼈는 그것을 구성하는 뼈 수가 너무 많은 것은 물론이고 정강이를 대신하기에는 너무 굵으며, 척골과 경골과의 관절들이 너무 밀착되어 있어서 그런 상황에서는 인간의 다리에 네발짐승의 다리와 같은 유연성을 줄 수 없을 것 같다. 자연의 힘이 아직 발달하지 않았으며 손발도 튼튼해지지 않은 나이의 아이들의 예에서도 아무런 결론이 도출되지 않는다. 그러니 개는 걷도록 되어 있지 않다고 말하는 것과 마찬가지다. 왜냐하면 개는 태어난 뒤 몇 주 동안은 기어 다니기만 하기 때문이다. 특정 사실들은 인간 전체의 보편적인 실재를 부인하는 힘을 아직 갖지 못한다. 다른 민족들과 교류가 없었기에 그들로부터 아무것도 모방할 수 없었던 민족들에 대해서도 마찬가지다. 걷기 전에 숲 속에 버려져 짐승에게 양육된 아이는 그의 '유모'를 본받아 유모처럼 걷는 연습을 했을 것이다. 습관은 그가 자연으로부터 받지 않은 편의를 그에게 줄 수 있었을 것이다. 손이 없는 불구자가 연습 덕택에 우리가 손으로 하는 모든 것을 마침내 발로 하게 되는 것처럼 말이다.

4*)
만일 독자 가운데 땅의 이런 자연적인 비옥함에 대한 나의 가정에 대해 이의를 제기하는 심술궂은 자연학자가 있다면, 나는 다음과 같은 구절로 그에게 답해 주고자 한다.

"식물은 땅에서보다는 공기와 물속의 물질에서 영양분을 훨씬 더 많이 얻기에, 썩게 되면 땅에서 얻은 것보다 더 많은 것을 돌려보내는 일이 있다. 뿐만 아니라 숲은 증발을 막음으로써 빗물을 붙들어 둔다. 그리하여 오랜 세월 발길이 닿지 않은 채 보존된 숲 속에서는 식물에 이용되는 지층이 매우 늘어나게 될 것이다. 그러나 동물은 땅에서 얻은 것보다 적은 것을 땅에 되돌려 주며, 인간은 불이나 그 밖의 사용을 위해 나무와 식물을 엄청나게 소비하기 때문에 그 결과 사람이 사는 지역의 식물 지층은 끊임없이 줄어들게 되어 결국 돌로 뒤덮인 아라비아의 땅이나 수많은 중근동 지방의 땅과 같이 되고 만다. 중근동 지방은 사실 가장 오래전부터 사람들이 살았던 지역으로 소금과 모래밖에 발견되지 않는다. 왜냐하면 식물과 동물의 모든 다른 부분은 기화해 버리는 데 반해 기화되지 않는 소금만 남기 때문이다."(뷔퐁의 『박물지』)

그뿐 아니라, 최근 몇 세기 동안 발견된 모든 무인도가 온갖 종류의 수목으로 뒤덮여 있었다는 점과, 역사가 가르쳐주듯이 사람이 살고 문명화됨에 따라 지구 전체의 거대한 숲들이 벌목되지 않을 수 없었다는 점을 증거 사실로 덧붙일 수 있을 것이다. 그에 대해 나는 다시 다음 세 가지 지적을 하겠다. 하나는, 뷔퐁 씨의 고찰에 따르면, 동물에 의해 행해지는 식물질의 소모를 상쇄할 수 있는 식물이 있다면 그것은 무엇보다 숲인데, 그 숲의 나무 꼭대기들과 잎들은 다른 어떤 식물보다 더 많은 수분과 수증기를 모아 제 것으로 삼는다는 사실이다. 두 번째는, 토양의 황폐, 즉 식물에 적합한 물질의 유실은, 땅이 더 경작되고 보다 더 근면한 주민들이 땅의 모든 종류의 생산물을 아주 풍족하게 소비하는 데 비례하여 더 빨라질 것이라는 사실이다. 마지막이자 가장 중요한 지적은, 나무의 열매는 동물에게 다른 식물들이 만들어줄 수 있는 것보다 더 많은 양식을 제공해 준다는 것으로, 크기와 성질이 같은 두 토지에 한쪽에는 밤나무를 가득 심고 다른 한쪽에는 보리를 심어 그 생산물을 비교함으로써 내가 직접 실험해 본 것이다.

5*)

네발짐승 중에서 육식동물에 대한 가장 보편적인 두 가지 구별법이 있는데, 하나는 이빨의 형태이며 다른 하나는 장의 구조다. 말, 소, 염소, 토끼처럼 식물만 먹고 사는 동물은 평평한 이빨을 가지고 있다. 그렇지만 고양이, 개, 이리, 여우 같은 육식동물은 뾰족한 이빨을 가지고 있다. 장에 대해서는, 열매를 먹고 사는 동물은 결장 같은 것을 여러 개 가지고 있지만, 육식동물에서는 찾아볼 수 없다. 그러므로 인간은 열매를 먹고 사는 동물이 가지고 있는 이와 장을 가지고 있기에 당연히 그 강(綱)에 포함되어야 할 것이다. 해부학적 관찰이 이 견해를 확인해 줄 뿐 아니라 고대의 기념비적인 작품들도 이 견해에 아주 호의적이다. 성 히에로니무스(Hieronymus)는 이렇게 말하고 있다. "디카이아르코스는 그리스 고대에 관한 그의 작품들 속에서, 대지가 그 자체로 아직 비옥했던 사투르누스의 치하에서는 아무도 고기를 먹지 않았으며 모두가 자연적으로 자란 과일과 야채를 먹고 살았다고 이야기한다." 이로부터 사람들은 내가 이용할 수 있는 많은 이점을 이용하지 않고 있다는 것을 알 것이다. 왜냐하면 육식동물 사이에 거의 유일한 싸움의 동기는 먹이이며 열매를 먹는 동물은 항상 평화롭게 살고 있기에 만일 인류가 이 후자의 종에 속한다면 자연 상태에서 훨씬 쉽게 살 수 있었을 것이며 그로부터 벗어날 필요와 기회가 훨씬 더 적었을 것이다.

(6*)

 반성을 요구하는 모든 지식은, 다시 말해 일련의 관념에 의해서만 획득되고 차례차례로만 완성되는 모든 지식은 전적으로 미개인들의 이해 능력 범위 밖에 있는 것 같다. 왜냐하면 그들 사이에는 의사소통이, 다시 말해 그 의사소통에 이용되는 도구와 의사소통을 필요하게 만드는 욕구가 없기 때문이다. 그의 지식과 솜씨는 뛰어넘는 것, 달리는 것, 싸우는 것, 돌을 던지는 것, 나무 위로 기어올라가는 것에 한정된다. 그러나 비록 그런 것밖에 할 줄 모르지만 그 대신 그는 그런 것을 우리보다 훨씬 더 잘할 줄 안다. 우리보다 그런 것을 더 필요로 하기 때문이다. 그리고 그런 것들은 오로지 신체의 훈련에만 의존하고 한 개인으로부터 다른 개인으로의 전수나 발전이 있을 수 없기 때문에 최초의 인간은 그의 최후의 자손과 똑같이 그에 익숙할 수 있었다.

 여행가들의 견문기에는 야만적인 민족과 미개민족이 갖고 있는 힘과 활력에 대한 예로 가득하다. 그 견문기들은 또한 그들의 솜씨와 민첩함을 칭찬하고 있다. 그런 것들을 관찰하는 데는 눈만 필요하기 때문에 목격자의 증언을 믿지 못할 이유가 없다. 나는 내가 가진 몇 권의 책에서 되는대로 예를 몇 개 뽑아보겠다.

 콜벤(Kolben)의 말이다. "호텐토트족들은 케이프타운의 유럽인들보다 고기를 더 잘 잡는다. 그물로 잡든 낚시로 잡든 작살로 잡든, 그리고 또 작은 만에서 잡든 강에서 잡든 능숙하기는 마찬가지다. 그들은 또한 손으로도 물고기를 능숙하게 잘 잡는다. 그들은 수영도 비할 바 없이 능숙하게 잘한다. 수영 방법은 완전히 그들 고유의 어떤 놀라운 점이 있다. 그들은 몸을 곧추세우고 손은 물 밖으로 펴서 수영을 한다. 그러기에 마치 땅 위를 걷는 것처럼 보인다. 바다가 크게 출렁일 때, 파도가 산더미같이 밀려올 때 그들은 코르크 조각처럼 오르락내리락하는데, 어떻게 보면 파도를 등에 업고 춤을 추는 것 같다."

콜벤의 말은 이렇게 계속된다. "호텐토트족들은 사냥에도 놀라운 솜씨를 보인다. 달릴 때의 민첩함은 상상을 초월한다." 저자는 그들이 자신들의 민첩함을 그렇게 자주 악용하지 않는 것에 놀란다. 그렇지만 그 일은 그가 드는 예를 통해 판단할 수 있듯이 종종 일어나기도 한다. "한 네덜란드 선원이 케이프타운에 하선하여 한 명의 호텐토트족에게 약 20파운드의 담배를 지게 하고는 시내까지 자기를 따라오라고 했다. 일행으로부터 좀 멀어지자 그 호텐토트족은 선원에게 달릴 줄 아느냐고 물었다. '달리는 것 말이오? 그렇소. 아주 잘 달리지요.' 하고 그는 대답했다. 그러자 그 아프리카인이 다시 대답했다. '그럼, 해봅시다.' 그렇게 말하고 그는 담배를 지고 이내 사라져버렸다. 선원은 그 놀라운 속도에 어리둥절하여 그를 추격할 생각도 미처 하지 못했으며, 그의 담배도 그 운반인도 다시는 보지 못했다.

호텐토트족들은 너무도 예리한 시선과 확실한 손을 가지고 있어서 유럽인들은 그들에게 다가가지 못한다. 그들은 백 보 정도 떨어져서도 2분의 1수짜리 동전만 한 크기의 목표물을 돌로 명중시킨다. 그런데 더욱 놀라운 것은, 그들은 우리처럼 목표물에 시선을 고정하는 대신 몸을 움직이거나 계속해서 비튼다는 점이다. 돌은 보이지 않는 손에 의해 던져지는 것 같다."

테르트 사제(Père du Terte)는 희망봉의 호텐토트족에 관해 방금 읽은 것과 거의 같은 사실을 서인도제도의 미개인들에게서도 말하고 있다. 그는 무엇보다 그들이 날아가는 새와 헤엄치는 물고기를 화살로 정확히 맞히는 것을 칭찬한다. 그들은 곧바로 물속으로 잠수하여 조금 전 쏘아 맞힌 물고기를 잡아 가지고 나온다. 북아메리카의 미개인들도 마찬가지로 그들의 힘과 능란한 솜씨로 유명하다. 남아메리카 인디언들의 힘과 능란한 솜씨를 판단할 수 있을 예를 하나 소개하겠다.

1746년 부에노스아이레스의 한 인디언이 카디스에서 갤리선을 젓는 형벌을 받자 총독에게 축제 때 자신의 목숨을 걸고 자유를 되찾고 싶다고 제안했다. 그는 손에 밧줄만 들고 혼자서 가장 난폭한 황소를 공격하여 쓰러뜨린 뒤 지정하는 부분을 밧줄로 묶고 안장을 놓아 고삐를 매고 다시 탄 다음, 우리에서 뛰쳐나오는 다른 두 마리의 광폭한 황소를 공격하다가 명령이 떨어지는 순간 아무의 도움도 없이 한 마리씩 차례로 죽이겠다고 했다. 그 제안은 받아들여졌다. 인디언은 자신의 말대로 행동에 옮겼다. 자신이 말한 바를 모두 해냈던 것이다. 그가 어떻게 행동을 취했으며 어떻게 싸웠는지에 대한 상세한 내용은 내가 참고한 고티에(Jacques Gautier d'Agoty) 씨의 『박물학에 관한 고찰』(1권, 262쪽)을 보면 알 수 있다.

7*)

뷔퐁 씨의 말에 의하면, "말의 수명은 동물의 다른 모든 종과 마찬가지로 성장 기간의 길이에 비례한다. 인간은 십사 년 동안 성장하기에 그 기간의 6~7배, 즉 구십 년 내지 백 년은 살 수 있다. 말은 사 년 동안 성장하기에 그 6~7배 즉, 이십오 년 내지 삼십 년은 살 수 있다. 이 규칙을 벗어나는 예는 아주 드물어서 이것을 그로부터 어떤 결론을 끌어낼 수 있는 예외로 보아서는 안 된다. 그리고 살진 말은 날씬한 말보다 성장 기간이 짧기 때문에 수명이 짧으며 열다섯 살부터 늙기 시작한다."(「말에 대하여」, 『박물지』)

8*)

나는 육식동물과 열매를 먹는 동물 사이에 주 5*)에서 지적한 것과 다른 훨씬 더 일반적인 또 다른 차이를 볼 수 있다고 생각한다. 왜냐하면 이 차이는 조류에까지 확대되기 때문이다. 이 차이는 새끼의 수에 의한 것으로 식물만 먹고 사는 동물은 한 배에 절대로 두 마리를 넘지 않으며, 육식동물은 보통 그 수를 넘는다. 말·소·산양·사슴·양 등 중요한 종의 암컷에는 젖이 두 개밖에 없는 데 반해 개·고양이·이리·호랑이 등의 암컷에는 여섯 개에서 여덟 개가 있는 것을 보면서 젖의 수에 따라 자연의 목적을 아는 일은 어렵지 않다. 닭·거위·집오리·매·독수리·올빼미의 암컷들 역시 많은 수의 알을 낳아 부화한다. 하지만 그런 일은 곡식만 먹는 비둘기·꿩 그리고 그 밖의 조류에는 절대로 일어나지 않는다. 그것들은 한 번에 두 개 이상의 알을 낳아 부화하는 일이 거의 없다. 그 차이에 대해 설명할 수 있는 이유는 풀과 식물만 먹는 동물은 거의 하루 종일 풀밭에서 지내면서 먹을 것을 찾기 위해 많은 시간을 사용하지 않을 수 없기에 여러 마리의 새끼에게 젖을 주기에 충분하지 않을 것이다. 반면, 육식동물은 거의 순간적으로 먹이를 먹어치우므로 그들의 새끼와 사냥에 더 쉽고 더 자주 신경을 쓸 수 있다. 또한 아주 많이 소모되는 젖도 회복하기에 더 쉽다. 이런 사실에 대해서는 특별한 관찰과 성찰이 많이 필요할 것이다. 그러나 이곳은 그럴 곳이 아니기 때문에 자연의 가장 일반적인 체계, 즉 인간을 육식동물 강에서 끌어내어 열매를 먹고 사는 종에 넣는 새로운 근거를 제시하는 체계를 보여 준 것만으로 그칠 것이다.

9*)

유명한 한 저자는 인생의 선과 악의 두 합계를 비교함으로써 악의 합계가 선의 합계보다 크다는 것과, 그래서 결국 인생은 꽤 좋지 않은 선물이라는 것을 발견했다. 나는 그의 결론에 놀라지 않는다. 그는 그 모든 근거를 문명인의 구조로부터 끌어대고 있다. 만일 그가 자연인에까지 거슬러 올라갔다면 아주 다른 결과를 발견했을 것이며, 인간은 자기 자신에게 주어진 것 이외에는 거의 악을 갖지 않았기에 자연의 정당함이 증명되었으리라고 생각한다. 우리는 쉽게 이토록 불행하게 되었다. 한편으로, 인간의 엄청난 노동, 그처럼 많은 심오한 학문과 발명된 기술과 이용된 힘, 메워진 심연들, 나무를 베어버린 산들, 깨진 암벽들, 항해 가능한 대하, 개간된 땅, 파인 호수, 메마른 늪지, 땅 위에 세워진 거대한 건물, 배와 선원들로 뒤덮인 바다를 고찰해 보면, 그리고 다른 한편으로 인류의 행복을 위해 그 모든 것의 결과인 진정한 이점을 조금이나마 심사숙고하여 탐구해 보면 그 두 가지 사이에 존재하는 놀라운 불균형에 충격을 받을 수밖에 없으며, 자신의 어리석은 오만과 알 수 없는 어떤 공허한 자기 예찬을 위해 자신이 당할 수 있지만 자비로운 자연의 배려에 의해 벗어나게 해준 온갖 비참을 열심히 추구하는 인간의 무분별을 슬퍼할 수밖에 없다.

인간은 악하다. 지속적으로 우울한 한 경험이 그 증거를 제시한다. 그러나 인간은 천성적으로 선하다. 나는 그 점을 증명했다고 생각한다. 인간의 구조에 돌발적으로 일어난 변화들, 인간이 이룩한 발전, 인간이 획득한 지식 이외에 인간을 이 정도로 타락하게 만든 것이 도대체 무엇인가? 원하는 한, 인간 사회를 찬미하라. 그렇지만 인간 사회는 그들의 이해관계의 증대에 비례하여 필연적으로 서로를 증오하게 되며, 겉으로는 서로 돕는 척하지만 실제로는 상상할 수 없는 온갖 해악을 서로에게 가하는 것 역시 사실이다. 개인의 이성은 공공의 이성이 사회집단에 가르치는 것과 정반대의 원칙을 강요하며, 타인의 불행에서 이득을 보는 교류에 대해 어떤 생각을 할 수 있을까? 어떤 부자에게 탐욕적인 상속인이 있을 때 그 부자가 빨리 죽기를 은근히 바라지 않는 상속인은 없을 것이며, 자식들조차도 때로 재산이 많은 아버지가 빨리 죽기를 은근히 바랄 것이다. 바다에서 상선이 난파하는 것이 어떤 상인에게는 희소식이 아닌 경우는 없을 것이며, 악의가 있는 채무자라면 채권자의 집이 모든 서류와 함께 타버렸으면 하고 바라지 않는 사람은 한 명도 없을 것이다. 마찬가지로 이웃 국민의 재난을 기뻐하지 않을 국민은 하나도 없을 것이다. 그런 식으로 우리는 우리 동족의 손해에서 우리의 이득을 발견하며, 한쪽의 파멸은 거의 언제나 다른 쪽의 번영이 된다. 그러나 그보다 훨씬 더 위험한 것은, 공공의 재해가 수많은 개인의 기대이자 희망이 된다는 것이다. 어떤 사람들은 질병과 집단사를, 또 어떤 사람들은 전쟁을, 그리고 또 어떤 사람들은 기근을 원하고 있다. 나는 풍년이 될 것 같은 기미에 고통스러워 우는 끔찍한 사람들을 보았다. 그리고 수많은 불행한 사람들의 생명과 재산을 앗아 간 런던의 그 치명적인 대화재는 아마도 만 명 이상의 사람들에게 큰돈을 벌게 해주었을 것이다. 나는 아테네인 데마데스가 관을 아주 비싸게 팔아 시민의 죽음에서 돈을 많이 번 한 직인을 처벌한 것에 대해 비난하는 것을 안다. 그러나 몽테뉴가 내세우는 논거는 (그런 일을 하는) 모두를 처벌해야 한다는 것이기에 나의 논거를 확인해 주고 있는 것은 분명하다. 그러므로 우리의 하찮은 자비의 표시에 의하여 마음속에 일어나고 있는 일이 무엇인지를 간파해야 하며, 또 어떻게 해서 모두가 서로에게 호의를 보이면서도 해치지 않을 수 없고 의무 때문에 적이 생기고 이해관계 때문에 사기꾼이 생겨나는 상태가 되는지 숙고해 보아야 한다. 만일 누가 사회는 너무도 잘 구성되어 있어서 각자는 타인에게 봉사함으로써 이득을 본다고 나에게 대답한다면, 나는 그들에게 해를 끼침으로써 훨씬 더 많은 이득을 얻지 않는다면 그것은 아주 훌륭할 것이라고 대꾸할 것이다. 정당한 이득은 언제나 부당하게 얻을 수 있는 이득보다 더 적다. 그리고 이웃에게 가해지는 손해는 항상 봉사보다 더 이득이 된다. 그러므로 오로지 처벌을 받지 않도록 보장해 주는 방법을 찾는 것이 중요해진다. 따라서 그 방법을 찾기 위해 강자는 그의 모든 힘을 사용하고, 약자는 그의 모든 술책을 동원한다.

미개인은 식사를 하고 나면 자연 전체와 화목해지며 동족 모두와 친구가 된다. 때때로 먹을 것을 두고 다투는 경우도 있겠지만 그들은 이기는 것의 어려움과, 다른 곳에서 먹을 것을 구하는 것의 어려움을 먼저 비교하지 않고는 싸움에까지 이르지 않는다. 그리고 그 싸움에는 오만이 섞여 있지 않기 때문에 몇 번 주먹을 날리는 것으로 끝이 난다. 승자가 먹고 패자는 행운을 찾으러 다른 곳으로 간다. 그리하여 다시 완전한 평화를 되찾는다. 그러나 사회 속의 인간은 그야말로 사정이 백팔십도 달라진다. 먼저 필요한 것을, 이어 필요 이상의 것을 충족시켜 주는 것이 문제가 된다. 이어서 환희가, 그다음 엄청난 부가, 그다음에는 신하가, 이어 노예가 그에게 생긴다. 그에게는 잠시의 휴식도 없다. 더 특이한 것은, 필요가 그렇게 자연스럽고 절실하지 않으면 않을수록 욕망이 더 커진다는 것이며, 더욱더 나쁜 것은 그 욕망을 만족시키는 힘도 커진다는 것이다. 그리하여 오랜 번영과 함께 많은 재물을 삼키고 많은 사람을 괴롭힌 뒤 나의 영웅은 마침내 모든 것을 희생시키며 세계의 유일한 주인이 될 것이다. 요컨대 이것이 바로 인간의 삶까지는 아니더라도 적어도 모든 문명화된 인간의 마음속에 있는 은밀한 바람에 대한 정신적인 광경이다.

문명인과 미개인의 상태를 편견을 갖지 않고 비교해 보라. 가능하면 악함, 욕망, 비참함 외에도 문명인이 어떻게 고통과 죽음의 길을 새로 열었는지 탐구해 보라. 만일 당신이 우리를 소모시키는 정신의 고통과 우리를 피곤하게 괴롭히는 지독한 정념과 가난한 자에게 지나친 부담이 되는 과도한 노동, 그리고 부자들을 빠지게 하여 어떤 부자들은 욕망으로 죽게 하고 또 어떤 부자들은 무절제로 죽게 하는 훨씬 더 위험한 나태함을 관찰해 본다면, 또한 만일 당신이 음식의 끔찍한 혼합과 그 음식의 해로운 조미료와 썩은 식료품, 변조된 약제, 그 약을 파는 사람들의 사기 행위, 그것을 처방하는 사람들의 실수, 그리고 그것을 담는 용기의 독을 생각해 본다면, 또한 당신이 만일 많이 모인 사람들 사이의 해로운 공기에 의해 발생한 전염병과 우리의 생활 방식의 취약함과 집 안팎의 드나듦과 너무 조심하지 않고 입고 벗는 의복과 과도한 욕심이 필요한 습관으로 바꿔버려 등한시하거나 부족하게 되면 생명이나 건강까지 해치는 그 모든 치료가 유발하는 질병에 주의를 기울인다면, 또 당신이 만일 도시 전체를 파괴하거나 뒤집어 버림으로써 수많은 주민을 죽게 만드는 지진이나 화재를 생각해 본다면, 요컨대 만일 당신이 그 모든 원인에 의해 끊임없이 증가하는 위험들을 합해 본다면 당신은 자연이 그의 가르침을 우리가 무시할 때 얼마나 대가를 치르게 하는지를 느끼게 될 것이다.

나는 전쟁에 대해 내가 다른 곳에서 한 말을 여기에서 되풀이하지 않겠다. 그러나 유식한 사람들이 한 번쯤은 군대에서 식량 공급업자와 병원이 범하는 끔찍한 일들에 대해 상세히 대중에게 말해 주었으면 한다. 그러면 그들의 사기 조작은 그렇게 비밀스럽지 않은 것으로, 그로 인해 가장 탁월한 군대가 약화되어 적의 칼에 의해서보다 더 많은 군인이 죽어가는 것을 알게 될 것이다. 그것은 기아, 괴혈병, 해적, 화재, 배의 난파에 의해 바다가 매년 삼켜버리는 사람 수 못지않은 놀라운 수치다. 암살, 독살, 노상강도, 그리고 그러한 범죄에 대한 처벌조차도 확립된 소유제도 또한 결과적으로 사회 탓으로 돌려야 함은 명백하다. 그 처벌은 더 큰 악을 예방하기 위해서는 필요하지만, 한 사람의 살인은 두 사람 혹은 그 이상의 생명을 잃게 하기에 실제로는 인류의 손실을 배로 늘리는 처벌이 되는 것이다. 인간의 출생을 막고 자연을 속이는 수치스러운 수단이 얼마나 많은가? 자연의 가장 매력적인 작품을 모욕하는 그 야만적이고 타락한 취향, 다시 말해 미개인도 동물도 절대 알지 못했던 타락한 상상에 의해 문명국에서만 생겨난 취향에 의해, 방탕과 불명예의 당연한 과실인 그 은밀한 낙태에 의해, 부모의 가난이나 어머니들의 불명예스러운 야만의 희생자가 된 수많은 아이들의 유기나 살해에 의해, 마지막으로 자기 생존의 일부분과 후손 모두가 쓸데없는 노래에 희생된, 더욱더 나쁜 것은 어떤 사람들의 폭력적인 질투에 희생된 그 불행한 사람들의 거세에 의해 그와 같은 일이 행해지고 있는 것이다. 이 마지막 경우의 거세는 그것을 당하는 사람들이 받는 대우에 의해서, 그리고 그들이 사용되는 목적에 의해서 자연을 이중으로 모독하는 행위인 것이다.

만일 인류가 그 근원이나 모든 유대 가운데 가장 신성한 것에까지 공격당하고 있음을 내가 보여 주려고 한다면 어떻게 될 것인가? 인류는 그런 상태에서는 자신의 지갑을 고려하고 난 뒤에야 자연에 귀 기울일 뿐이며, 사회의 무질서가 미덕과 악덕을 혼동하고 있기에 성욕의 절제는 오히려 범죄적인 주의(注意)가 되고, 출산의 거절은 인도적인 행위가 된다. 그러나 그토록 많은 혐오스러운 것을 덮어 가리고 있는 비밀을 폭로하지 않고 다만 다른 사람들이 치유해야 하는 악을 지적하는 것으로 그치자.

이 모든 것에, 생명을 단축시키거나 체질을 해치는 건강에 해로운 많은 직업들, 즉 광산 노동, 특히 납·동·수은·코발트·비소·계관석 같은 금속과 광물질의 여러 가공 관련 직업을 더해 보라. 그 외에도 지붕 이는 일꾼, 목공, 석공, 채석장에서 일하는 일꾼 등 매일 많은 노동자의 생명을 앗아 가는 위험한 직업들을 더해 보라. 그러면 여러 철학자가 관찰하는 것처럼, 사회의 형성과 완결 속에서 인류 감소의 원인을 알게 될 것이다.

자기 자신의 안락과 타인으로부터의 존경을 갈망하는 사람들의 절제 불가능한 사치는 사회에 형성되기 시작한 악을 곧 완성하며, 가난한 자들을 먹여 살린다는 구실(그것은 만들어낼 필요가 없는 구실이다.) 아래 나머지 모두를 가난하게 만들며 머지않아 국가의 인구를 감소시킨다. 사치는 악을 치유한다고 하지만 악보다 훨씬 더 해로운 치유법이다. 좀 더 정확히 말해, 크고 작음을 막론하고 어떤 나라에서든 사치는 그 자체로 모든 악 가운데에서 가장 해로운 악이며, 그것이 만들어낸 많은 하인과 하찮은 인간들을 먹여 살리기 위해 농부와 시민을 괴롭히고 파멸시킨다. 그것은 마치 남방의 열풍과도 흡사한데, 그 뜨거운 바람은 풀과 초목을 게걸스럽게 갉아 먹는 곤충으로 뒤덮어 인간에게 유용한 동물의 먹이를 빼앗아 그 바람이 부는 곳이면 어디서나 기아와 죽음이 동반된다.

사회와 사회가 만들어내는 사치로부터, 자유 학예(문법·논리학·수사학·산수·기하·천문·음악), 수공예, 상업, 문학, 그리고 산업을 꽃피게 하고 나라를 부자로 만들지만 종국에 가서는 망하게 하는 그 모든 쓸데없는 것들이 생겨난다. 그러한 쇠퇴의 원인은 아주 간단하다. 본래 농업은 모든 기술 중에서 가장 수익성이 적어야 하는 것임을 아는 일은 어렵지 않다. 왜냐하면 농산물은 모두에게 가장 필수적이기에 가격이 가장 가난한 자들의 능력에 맞

춰져야 하기 때문이다. 같은 원리에서, 다음과 같은 규칙, 즉 일반적으로 기술은 그 효용성에 반비례하여 수익성이 커서 결국에는 가장 필요한 생산물들이 가장 등한시된다는 규칙을 얻어낼 수 있다. 그로부터 우리는 산업의 진정한 이득과 산업 발전으로부터 결과하는 실제 효과에 대해 어떻게 생각해야 할지를 알 수 있다.

이런 것들이 결국에는 가장 찬미받는 부유한 나라로 하여금 온갖 불행에 빠지게 만드는 확실한 원인들이다. 산업과 기술이 확산되고 꽃을 피움에 따라 농부는 멸시를 당하고 사치의 유지에 필요한 조세를 떠맡게 되며, 노동과 기아 사이에서 인생을 보내지 않을 수 없어 자신의 전답을 버리고 그가 빵을 가지고 가야할 도시로 되레 빵을 구하러 간다. 자본이 국민의 어리석은 눈을 경탄케 하면 할수록 버려진 농촌과 황폐한 땅, 거지나 강도가 되어 노상을 가득 메운—어느 날 차형에 처해지거나 오물 더미 위에서 비참한 생활을 마치게 되어 있는—불행한 시민들을 보고 비명을 지르게 될 것이다. 그리하여 국가는 한편으로는 부유하게 되지만 다른 한편으로는 약해지고 인구가 감소됨으로써, 가장 강력한 군주국들도 부유하지만 백성이 줄어들게 하는 일을 많이 함으로써 결국에는 가난한 국민들의 먹이가 되고 만다. 그런데 이번에는 이 가난한 국민들이 부유한 국민을 침략하고자 하는 불행한 유혹에 무릎을 꿇어 부유해지지만 다시 약해져서 마침내 다른 국민들로부터 침략을 당해 망하고 만다.

그토록 오랫동안 유럽과 아시아와 아프리카가 무수히 많은 미개인들로 가득 채워진 이유가 무엇인지 누가 좀 설명해 줄 수 있겠는가? 그토록 굉장한 인구는 능란한 솜씨의 기술과 지혜로운 법률과 탁월한 통치 덕택이었던가? 우리의 학자들이 다음 사실들의 이유를 좀 설명해 주었으면 한다. 즉, 왜 지식도 억제력도 없고 교육도 받지 못한 흉폭하고 난폭한 그 사람들이 그 정도까지는 번식하지 못했지만 목초지나 사냥터를 차지하기 위해 줄곧 서로를 목 졸라 죽이지 않았는가? 어떻게 그 보잘것없는 사람들이 그토록 잘 훈련된 군대와 훌륭한 규범과 지혜로운 법률을 가진 능력 있는 우리 조상들에게 대항하는 대담함을 지녔던가? 마지막으로, 사회가 북방국들에서 완성되어 인간에게 의무와 즐겁고 평화로운 공존법을 가르치기 위해 그토록 애쓴 이래, 예전에 그 북방국들이 배출한 수많은 사람들을 닮은 인간이 더 이상 나타나지 않는 이유는 무엇인가? 나는 정말 누군가가 내게 이렇게 대답하지 않을까 아주 두렵다. "그 모든 훌륭한 것들, 이를테면 기술과 과학과 법률은 우리에게 주어진 이 세계가 마침내 인구가 많아져 사람들이 살 수 없을까 두려워 종의 지나친 증가를 막는 데 유익한 일종의 페스트로, 인간들에 의해 아주 분별 있게 발명된 것이다."라고.

그렇다면 도대체 어떻게 해야 한다는 것인가? 사회를 파괴하고 네 것과 내 것을 없애고 숲 속으로 다시 돌아가 곰과 함께 살아야 한단 말인가? 이것은 나의 적들 식의 결론으로, 그런 식의 결론을 내리는 것을 미연에 방지하고도 싶지만 그런 결론을 끌어내어 수치를 당하도록 내버려 두고도 싶다. 오, 하늘의 목소리를 듣지 못하며 이 짧은 생을 편안하게 마치는 것 외에 인류에게 다른 목적을 인정하지 않는 당신들, 도시 안에 당신들의 해로운 획득물과 불안한 정신과 부패한 마음과 억제할 수 없는 욕망을 남기고 죽을 수 있는 당신들. 당신들에게 달려 있으니, 당신들의 태곳적 그 최초의 순수를 되찾으시오. 동시대인의 범죄를 보지 않고 기억하지 않기 위해 숲 속으로 들어가시오. 인류의 악덕을 버리기 위해 지식을 버린다고 해서 당신들의 종의 가치를 떨어뜨리지 않을까 걱정하지 마시오. 나와 같은 인간들에 관해 말하자면, 그들은 이제 그들의 정념이 원초적인 순박한 도시를 영원히 파괴해 버려 더 이상 풀이나 도토리로 양식을 삼을 수도, 법이나 지도자 없이 살아갈 수도 없이 되어버렸다. 최초의 조상 때 초자연적인 교훈을 받은 것을 자랑으로 삼은 사람들, 인간의 행위에 그 행위가 오랜 시절 획득하지 못한 도덕성을 처음부터 부여하려는 의도에서 그 자체로는 별것 아닌 데다가 다른 모든 체계 속에서도 설명할 수 없는 원칙의 근거를 보게 될 사람들. 요컨대 신의 목소리가 인류 전체를 하늘의 영적인 존재의 빛과 행복에 초대할 것을 확신하는 사람들. 그 모든 사람들은 자신들이 행할 의무가 있는 미덕의 훈련을 통해, 그로부터 기대해도 좋은 영원한 보상을 받기에 합당한 인간이 되도록 노력할 것이다. 그 사람들은 자신이 속한 사회의 신성한 관계들을 존중할 것이다. 그 사람들은 그들의 동족을 사랑할 것이며 전력을 다해 그들에게 봉사할 것이다. 그 사람들은 법과 입법자, 그리고 법의 집행자들에게 성실하게 복종할 것이다. 그 사람들은 무엇보다 우리를 괴롭히기 위해 언제라도 준비가 되어 있는 그 무수한 폐해와 악을 예방하고 치유하고 둔화시킬 줄 아는 선량하고 현명한 군주들을 존경할 것이다. 그 사람들은 두려워하거나 아첨하지 않고 그 훌륭한 지도자들의 임무의 위대함과 의무의 엄격함을 일러줌으로써 지도자들의 열정을 고무할 것이다. 그러나 그 사람들은 그들의 온갖 세심한 주의에도 불구하고 언제나 표면상의 이득보다 현실적인 재해가 더 많이 생겨나기 때문에, 그들이 원해도 얻기 힘든 많은 훌륭한 사람들의 도움에 의해서만 유지될 수 있는 정체를 경멸할 것이다.

10*)

우리 자신이 직접 알고 있든, 역사가나 여행가들을 통해서 알든 우리가 아는 인간들 사이에는 흑인도 있고 백인도 있으며 피부색이 붉은 사람들도 있다. 어떤 사람들은 머리카락이 길고, 또 어떤 사람들은 빽빽한 곱슬머리다. 어떤 사람들은 털은 많이 났으나 수염은 나지 않은 사람들도 있다. 예전에도 있었지만, 아마도 아직까지 거인족이 있을 것이다. 정말 과장에 불과할 수 있는 피그미족의 이야기는 차치하고라도 우리는 라플란드인과 무엇보다 그린란드인들이 인간의 평균 신장에 훨씬 못 미친다는 것을 안다. 네발짐승처럼 꼬리가 달린 민족이 있다고 주장하는 사람들도 있다. 그리고 헤로도토스와 크테시아스(Ctesias)의 말을 맹목적으로 믿지 않더라도 우리는 적어도 그로부터 아주 진실로 생각되는 이런 의견을 얻을 수 있을 것이다. 즉, 만일 우리가 각기 다른 민족들이 서로 다른 생활 방식을 따르던 고대에 대해 적절히 관찰할 수 있다면 신체의 형태와 습관에서 훨씬 더 많은 다양성을 찾아볼 수 있을 것이다. 명백한 증거를 대기에 어렵지 않은 그 모든 사실은 이런 사람들, 즉 그들 주위의 사물만 바라보는 데 습관이 들어서 다양한 기후와 공기·음식·생활 방식, 그리고 일반적인 습관의 강력한 효과를, 특히 동일한 원인이 오랜 세대에 걸쳐 작용할 때 그 원인의 놀랄 만한 영향력을 모르는 사람들을 크게 놀라게 할 수 있을 것이다. 교역과 여행과 정복이 여러 민족을 더욱더 결합시킴으로써 그들의 생활 방식이 빈번한 교류를 통해 끊임없이 서로 닮아가는 오늘날 우리는 민족 간의 차이가 어느 정도 감소했다는 것을 안다. 그리하여 예를 들면, 오늘날의 프랑스인은 라틴의 역사가들에 의해 묘사된 그 흰색 피부에 금발의 큰 체격이 아니라는 것을 알 수 있다. 비록 흰색 얼굴에 금발이었던 프랑크족들과 노르만족의 혼혈에 더해진 세월이 주민의 본래 체격과 피부색에서 로마인들과의 빈번한 접촉으로 기후의 영향을 받지 않았던 부분이 회복되었을지언정 말이다. 수많은 원인이 인류에게 야기할 수 있으며, 실제로 야기하기도 한 다양성에 대한 그런 모든 관찰은 내게 이러한 의문을, 즉 많이 조사되지 않아서인지 아니면 외형에서 볼 수 있는 약간의 차이 때문에서인지, 그것도 아니면 말을 하지 않았기 때문인지 여행가들이 짐승으로 여긴 인간과 유사한 여러 동물은 실제로 진짜 미개인이 아닌가 하는 의문을 갖게 한다. 그런데 옛날에 숲 속에 흩어져 있는 그 인간들은 잠재적인 능력을 계발시킬 기회를 갖지 못함으로써 조금의 완성도도 얻지 못해 여전히 자연의 원시 상태에 머물러 있었다. 내가 말하고 싶어 하는 것에 대한 예를 하나 들어보겠다. 『여행기』의 번역자는 이렇게 말한다.

"우리는 콩고 왕국에서 동인도에서는 오랑우탄이라고 불리는, 인간과 원숭이의 중간 상태의 큰 동물을 많이 발견한다. 바텔(Andrew Battel)의 이야기에 의하면, 로앙고 왕국의 마음바 숲에는 퐁고와 앙조코라는 두 종류의 끔찍한 동물이 있다. 전자는 인간과 정확히 닮았다. 그러나 훨씬 더 뚱뚱하고 덩치가 크다. 얼굴은 사람 얼굴이며 눈이 쑥 들어가 있다. 손과 볼과 귀에는 털이 없다. 예외로 눈썹은 있는데, 아주 길다. 몸 나머지 부분에는 털이 상당히 많이 나 있지만 그렇게 빽빽하지는 않으며 갈색이다. 마지막으로, 인간과 구분되는 유일한 곳은 다리인데, 장딴지가 없다. 그것들은 손으로 자기 목의 털을 어루만지기도 하면서 직립보행을 한다. 숲 속에서 살며, 잠은 나무 위에서 잔다. 비를 피하기 위해 나무 위에 일종의 지붕을 만들어놓았다. 식량은 야생의 나무 열매와 호두다. 그것들은 절대로 고기는 먹지 않는다. 흑인들은 숲을 지나갈 때 밤이면 머무는 곳에 불을 피워놓는 것이 하나의 습관인데, 아침에 그들이 출발을 할 때에는 퐁고 몇 마리가 불 주위에 자리를 잡고는 그것이 꺼진 뒤에야 다른 곳으로 떠나가는 것을 본다. 왜냐하면 그것들은 솜씨는 아주 좋으나 나무를 얹어 불이 꺼지지 않게 할 만한 분별은 없기 때문이다.

그것들은 때로 무리 지어 걸으며, 숲을 지나가는 흑인들을 죽이기도 한다. 또한 자기들이 사는 곳에 풀을 뜯으러 오는 코끼리들을 기습하여 주먹이나 막대기로 세게 후려쳐서 비명을 지르며 도망치게 만들어버린다. 퐁고를 절대로 산 채로 잡지는 못한다. 왜냐하면 너무도 힘이 세서 사람 열 명이 달려들어도 잡지 못하기 때문이다. 그러나 흑인들은 어미를 죽인 뒤 어미 몸에 꼭 붙어 있는 새끼들을 많이 잡기는 한다. 한 마리가 죽으면 곁에 있는 것들은 나뭇가지나 나뭇잎 더미로 시체를 덮어준다. 퍼처스(Samuel Purchas)는 바텔과 대화를 나누면서 들은 것이라면서 이런 이야기를 덧붙인다. 즉, 바텔 곁에 있던 흑인 아이가 퐁고 한 마리에게 채여 가 동물들 사이에서 한 달간을 족히 보내게 되었다. 그 흑인 아이가 관찰한 바에 따르면, 그것들은 인간을 만나도 인간이 자기들을 똑바로 쳐다보지 않는 한 어떠한 해도 가하지 않는다고 한다. 바텔은 앙조코에 대해서는 전혀 기술하지 않고 있다.

다퍼(Olfert Dapper)의 말에 의하면, 콩고 왕국에는 인도에서 오랑우탄, 즉 '숲의 주민'이라 불리며 아프리카에서는 '쿠오자 모로(quojas-morros)'라고 불리는 동물이 아주 많이 있다. 그의 말에 의하면, 그 짐승은 인간과 너무도 닮아서 어떤 여행자들에게는 그것이 여자와 원숭이 수컷 사이에서 태어난 것이 아닐까 하는 생각을 불러일으키기도 했다. 물론 공상에 불과하며, 흑인들조차 그런 공상은 거절한다. 그중 한 마리가 콩고에서 네덜란드로 옮겨져 오라니에 공 프리드리히 하인리히에게 보내졌다. 그것은 세 살짜리 아이만 했으며, 그다지 살은 찌지 않았지만 단단하고 균형 잡힌 몸집이었다. 그것은 아주 민첩하고 활발했으며, 다리는 도톰하고 튼튼

했다. 몸 전면은 전체적으로 털이 없으나 뒷면은 검은 털로 덮여 있었다. 언뜻 보면, 얼굴은 인간 얼굴을 닮았으나 코는 납작한 매부리코였다. 귀는 사람 귀와 닮았으나 가슴(암놈이었기 때문에)은 통통하고 배꼽은 쏙 들어간 데다 어깨는 딱 바라졌으며 손은 엄지손가락과 나머지 다른 손가락으로 갈라져 있으며 장딴지와 발뒤꿈치는 살이 붙어 있었다. 자주 다리로 꼿꼿이 서서 걸었으며, 꽤 무거운 짐을 들기도 하고 옮길 수도 있었다. 술을 마시고 싶을 때에는 한 손으로는 항아리 뚜껑을 잡고 다른 손으로는 바닥을 받쳤다. 그리고 우아하게 입술을 닦았다. 잘 때에는 머리를 베개 위에 올려놓은 채 인간이 침대에서 자는 것처럼 너무도 능숙하게 이불을 덮고 누워 잤다. 흑인들은 그 동물에 대해 기묘한 이야기를 한다. 즉, 그것은 부인이나 처녀를 범할 뿐 아니라 무기를 갖고 있는 남자도 대담하게 공격한다고 말이다. 요컨대 그것은 고대인들이 말하는 사티로스 같다. 메롤라(Jérôme Merolla)는, 흑인들이 종종 사냥을 할 때 미개인 남녀를 붙잡는다고 말하고 있는데 어쩌면 이 동물을 말하고 있는지 모르겠다."

퍼처스의 같은 『여행기』 3권에는 인간을 닮은 베고스와 맨드릴이라는 동물들이 다시 언급되고 있다. 소위 그 끔찍한 동물들의 묘사에서 인간과 놀라운 일치점이 발견되는 반면, 차이점에 있어서는 인간과 인간 사이에서 볼 수 있는 것보다 더 적다. 그 문장들에서 저자가 문제의 그 동물에 대해 미개인이라는 명칭을 부여하기를 거절할 만한 근거는 찾아볼 수 없다. 그러나 그것은 그것들의 어리석음 때문이며 말을 하지 못하기 때문이라고 쉽게 추측할 수 있다. 그런 이유들은, 발성기관이 인간에게 선천적인 것일지언정 말 자체는 선천적인 것이 아니라는 것을 알고 있는 사람들, 그리고 인간의 개선 가능성이 어느 정도까지 문명인을 원시 상태에서 벗어나게 할 수 있었는지 아는 사람들에게는 설득력이 없는 이유들이다. 길이가 얼마 안 되는 그 묘사에서 우리는 어떻게 그런 동물들이 충분히 관찰되지 않았는지, 또 어떤 편견을 가지고 보았는지를 판단할 수 있다. 예를 들어, 그것들은 '끔찍한 동물'이라 불린다. 그렇지만 그것들이 새끼를 낳는 일은 인정하고 있다. 바텔은 퐁고가 숲을 지나가는 흑인들을 죽인다고 말하고 있지만, 퍼처스는 자기들을 쳐다보지 않는 한 흑인들을 죽이지 않는다고 덧붙인다. 퐁고는 흑인들이 물러갈 때 피워놓고 간 불 곁에 모여 있다가 꺼지면 그들도 물러간다. 그 사실에 대해 관찰자의 해석은 다음과 같다. "그것들은 솜씨는 아주 좋으나 나무를 얹어 불이 꺼지지 않게 할 만한 분별은 없기 때문이다." 나는 바텔이나 편찬자 퍼처스가 퐁고들이 물러가는 일이 그것들의 의지라기보다 어리석음의 결과라는 것을 어떻게 알 수 있었는지 추측해 보고 싶다. 로앙고와 같은 기후에서는 불이 동물에게 그렇게 필요한 것이 아니다. 그래서 흑인들이 불을 피우는 것은 추위 때문보다는 맹수들에게 위협을 주기 위해서다. 그러므로 퐁고가 한동안 불꽃을 즐기거나 몸을 충분히 데운 뒤 한곳에 계속해서 머물러 있는 것에 싫증이 나서 먹이를 찾으러 가는 것은 아주 자연스러운 일이다. 육식을 하는 것보다 초식을 하는 것이 더 많은 시간이 요구되기 때문이다. 뿐만 아니라 우리는 대부분의 동물은, 인간도 예외는 아닌데, 타고날 때부터 게으르며 꼭 필요한 것이 아니면 마음 쓰기를 싫어한다는 것을 안다. 마지막으로, 사람들이 그 능숙한 솜씨와 힘을 칭찬하는 퐁고가, 동종의 시체를 매장하고 나뭇잎으로 지붕을 만들 줄 아는 그 퐁고가 불에 쏘시개를 넣을 줄 모른다는 것은 아주 이상하게 보인다. 나는 퐁고가 할 수 없다고 주장하는 그런 일을 원숭이가 하는 것을 본 기억이 있다. 당시 내 생각이 그쪽으로 향하지 않았기 때문에 나 자신 그 여행가들을 비난하는 실수를 저지르는 데 그쳤을 뿐 원숭이의 의도가 실제로 불을 유지하기 위함이었는지 아니면 단순히, 나는 그렇게 생각하는데, 인간의 행위를 모방함이었는지 조사하는 것을 게을리한 것이 사실이다. 어쨌든 그 원숭이가 인간의 변종이 아님은 잘 증명되어 있다. 왜냐하면 그것은 말하는 능력이 없을 뿐만 아니라, 무엇보다 그 종은 인류 고유의 자질인 개선 능력이 없다는 것이 확실하기 때문이다. 이러한 실험들은, 퐁고와 오랑우탄에 대해서도 동일한 결론을 도출할 수 있을 만한 주의를 가지고 이루어졌다고는 보이지 않는다. 그렇지만 만일 오랑우탄이나 그 밖의 다른 동물들이 인류의 종에 속해 있다면 아무리 조잡한 관찰일지언정 논증을 통해 그것을 확인할 수 있는 수단이 있을 것이다. 그러나 그 실험을 위해서는 한 세대만으로는 충분하지 않을 것이다. 아니, 그 실험은 실행 불가능한 것으로 여겨질 것이다. 왜냐하면 사실을 증명해야 할 실험이 아무런 선입관 없이 이루어질 수 있기 전에, 가정일 뿐인 것이 진실이라고 논증될 필요가 있기 때문이다.

분별 있는 이성의 결실이 아닌 성급한 판단은 극단으로 치닫기 쉽다. 우리의 여행자들은 고대인들이 사티로스, 파우누스, 실바누스라는 명칭으로 신으로 만든 그 존재들을 허물없이 퐁고, 맨드릴, 오랑우탄이라는 명칭으로 짐승으로 만들고 있다. 아마도 더 정확한 연구를 해보면 그것이 인간이라는 것을 발견할 것이다. 그때까지는 그 점에 대해 학식 있는 수도사이며 목격자인, 아주 순박하지만 재기가 넘치기도 한 메롤라에 대해서도 상인 바텔과 다퍼와 퍼처스, 그리고 그 밖의 편찬자들과 마찬가지로 믿을 만한 충분한 이유가 있는 것 같다.

내가 앞에서 말한 1694년에 발견된 아이, 즉 어떠한 이성의 흔적도 보이지 않고 발과 손으로 걸으며 언어도 없이 인간의 것과는 전혀 닮지 않은 발음을 하는 그 아이에 대해 이런 관찰자들이 어떤 판단을 내렸을 것이라고 생각하는가? 이 사실을 내게 제공해 주는 그 철학자는 이렇게 이야기를 계속한다. "아직 조잡스러웠지만 그는 몇 마디 말을 할 수 있을 때까지 오랜 시간이 걸렸다. 그가 말을 하자마자 사람들은 그에게 그의 최초 상태에 대해 물어보았다. 그러나 우리가 우리의 요람 속에서 일어난 일을 기억하지 못하듯이 그는 아무것도 기억하지 못했다." 불행하게도 그 아이가 우리의 여행가들의 손에 잡혔다면 그가 말을 할 줄 모를 뿐 아니라 우매하다는 것을 알고는 숲 속으로 되돌려 보내든지 아니면 동물원에 가두어둘 결심을 했으리라. 또한 그들은 나중에 훌륭한 보고서들에서 인간과 상당히 닮은 아주 신기한 짐승이라며 그 아이에 대해 유식한 척하며 언급했을 것이다.

 삼사백 년 전부터 유럽인들이 세계의 곳곳으로 쏟아져 들어가 새로운 여행기와 보고서를 끊임없이 출판해 왔지만, 우리는 인간에 대해서는 오직 유럽인밖에 모른다고 나는 확신한다. 학자들 사이에서조차 없어지지 않고 있는 가소로운 편견들을 보는데, 그들은 인간에 관한 연구라는 거창한 타이틀 아래 자기 나라 사람들에 관한 연구밖에 하지 않는 것 같다. 개인들이 왕래를 해도 철학은 전혀 왕래를 하지 않는다. 또한 각 국민의 철학은 다른 민족에는 적합하지 않다. 이런 사실의 원인은 적어도 먼 나라들에 대해서는 명백하다. 왜냐하면 멀리 여행을 하는 사람은 선원, 상인, 군인, 그리고 선교사 이 네 부류의 인간밖에 없기 때문이다. 그런데 우리는 앞의 세 부류가 훌륭한 관찰자를 공급할 것이라는 기대를 해서는 안 된다. 네 번째 부류의 관찰자는 그들을 부르는 숭고한 소명에 전념하기에 다른 사람들처럼 직업적인 편견에 지배받지는 않겠지만 순수한 호기심에서 행해지는 연구에, 게다가 자신이 해야 하는 중요한 일로부터 일탈하게 하는 연구에 흔쾌히 몰두하지는 않을 것이라고 믿어야 한다. 게다가 복음을 유용하게 설교하기 위해 필요한 것은 열의밖에 없으며, 그 외의 것은 신이 부여해 준다. 그러나 인간을 연구하기 위해서는 신이 준다고 약속한 바 없으며 성직자에게 주어진 것이라고도 말할 수 없는 재능이라는 것이 필요하다. 성격이나 관습이 기술되지 않은 여행서는 없다. 그러나 그토록 많은 것을 묘사한 여행기 저술자들이 이미 알려져 있는 것만 말해 놓았으며, 세상 반대편 끝에 가도 자기들이 사는 거리를 떠나지 않고, 보기 위해 만들어진 눈이라면 강한 인상을 받지 않을 수 없는 진정한 특징들을, 즉 민족들을 구분 짓게 해주는 특징들을 거의 항상 깨닫지 못하고 있다는 사실을 보고 매우 놀란다. 그로부터 사이비 철학자 무리에 의해 그토록 되풀이된 그 잘난 격언, 즉 인간은 어디를 가나 똑같다는 격언이 유래한다. 그것은 어디를 가나 동일한 정념과 악덕을 가지고 있기에 여러 다른 민족들의 특징을 규정하려고 애쓰는 일은 아주 쓸데없는 일이라는 것이다. 그것은 또 피에르도 자크도 눈·코·입을 가지고 있기에 그들을 구별할 수 없을 것이라고 말하는 것과 거의 비슷하다.

국민이 철학 하는 일에 참견하지 않지만 플라톤·탈레스·피타고라스 같은 알고자 하는 욕구에 불타는 사람들이 오로지 알기 위해 여행을 시도하여 멀리까지 나가 민족적인 편견의 멍에를 벗어던지고 유사성과 차이점을 통해 인간을 이해하는 법을 배우고, 겨우 한 세기나 한 나라에만 국한된 지식이 아닌 모든 시대와 장소에 속하여, 말하자면 현자들의 공통된 지식인 그 보편적인 지식을 얻었던 바로 그 행복한 시대가 다시 오는 것을 보지는 못할 것인가?

우리는 오막살이를 그리거나 비명(碑銘)을 해독 또는 복사하기 위해 학자와 화가를 데리고 많은 비용을 들여 동양으로 여행을 했거나 여행을 보낸 몇몇 호사가의 너그러움에 감탄한다. 그러나 나는 훌륭한 지식을 뽐내는 이 세기에 어떻게 이렇게 잘 결합된 두 사람이, 즉 한쪽은 돈이 많고 다른 한쪽은 재능이 많으며 둘 다 영광과 불멸을 갈망하여 돈 많은 쪽은 자기 재산 중 이만 에퀴를, 그리고 다른 쪽은 인생의 십 년을 세계 여행에 투자하여 여느 때처럼 돌이나 식물에 관한 것이 아니라 한 번쯤은 인간과 풍속을 연구하려고 하는, 그리고 또 몇 세기를 집 크기나 재고 관찰하는 일에 바쳤으니 이제는 그 집에 사는 사람에 대해 알려고 하는 그런 두 사람이 존재하지 않는 것인지 이해하기가 힘들다.

유럽의 북부와 미국의 남부를 돌아다닌 아카데미 회원들은 철학자로서보다 기하학자로서 여행하는 것이 목적이었다. 그렇지만 그곳들은 그 양쪽의 특성을 동시에 지니고 있기에 라 콩다민(Charles-Marie de la Condamine)이나 모페르튀이 같은 사람들에 의해 이야기되고 묘사된 그 지역들을 완전히 미지의 곳으로 간주할 수는 없었다. 플라톤처럼 여행한 보석상 샤르댕(Jean Chardin)은 페르시아에 대해 아무런 말도 남기지 않았다. 중국은 예수회 선교사들에 의해 잘 관찰되었다고 여겨진다. 켐페르(Engel Kempfer)는 자신이 일본에서 본 약간의 것들에 대해 그런대로 괜찮은 설명을 해주고 있다. 이런 여행기들을 제외하면 우리는 자신의 머리보다는 돈지갑을 채우고 싶어 하는 유럽인들에 의해서만 자주 드나든 동인도의 민족들에 대해서는 전혀 모른다. 아프리카 전 지역과 성격이나 피부색이 독특한 그곳의 수많은 주민들은 다시 검토되어야 한다. 지구 전체는 우리가 이름밖에 모르는 민족들로 덮여 있다. 그런데도 우리는 인류를 평가할 생각을 하고 있는 것이다! 몽테스키외, 뷔퐁, 디드로, 뒤클로(Charles Pinot Duclos), 달랑베르,

콩디야크, 그리고 그에 버금가는 사람들이 자기 나라 사람들을 가르치기 위해 여행하고, 터키나 이집트, 북아프리카 바르바리 지방, 모로코 제국, 기니, 카피르족의 나라, 아프리카 내륙과 그 동쪽 연안, 말라바르 해안, 무굴 제국, 갠지스 강 유역, 시암 제국, 페구 제국, 아바 제국, 중국, 타타르, 일본, 그리고 반대편 반구의 멕시코, 페루, 칠레, 마젤란 해협, 물론 진짜든 가짜든 파타고니아인들, 투크만, 파라과이, 가능하다면 브라질, 마지막으로 카리브인, 플로리다 및 그 외의 모든 미개 지역을 관찰하고 묘사한다고 가정해 보자. 그 여행은 모든 여행 중에서 가장 중요한 여행이며 가장 주의를 기울여야 할 여행이다. 그리고 또 이 헤라클레스 같은 사람들이 이 기념할 만한 여행에서 돌아와 자기들이 보고 온 자연과 도덕과 정치에 간한 역사를 한가로이 쓴다고 가정해 보자. 그러면 우리는 그들의 펜 밑에서 새로운 세계가 만들어져 나오는 것을 보게 될 것이다. 그리하여 우리는 우리의 세계를 이해하는 법을 배우게 될 것이다. 나는, 그와 같은 관찰자들이 어떤 한 동물에 대해 '그것은 사람이다', 또 다른 한 동물에 대해 '그것은 짐승이다'라고 단정할 때 우리는 그들의 그 말들을 믿어야 한다고 생각한다. 그러나 그 점에 관련해 대충 하는 여행가들을 믿어버리는 것은 아주 순진한 처사일 것이다. 그런 여행가들을 향해 우리는 때로 그들이 다른 동물들에 관해 해결할 생각을 하고 있는 것과 똑같은 의문을 던지고 싶어질 것이다.

11*)

그것은 내게 아주 확실해 보인다. 그리고 나는 우리의 철학자들이 자연인에게 있다고 주장하는 모든 정념이 어디에서 생겨날 수 있는지 이해할 수가 없다. 자연 자체가 요구하는 유일한 물질적 필요를 제외하면 우리의 모든 욕구는 습관 이전에는 욕구가 아니었다. 다시 말해 습관에 의해서만 욕구가 되었든지 아니면 처음부터 우리의 욕망에 의해 그렇게 되었든지 할 것이다. 그리고 우리는 우리가 모르는 것을 원하는 법은 절대로 없다. 따라서 미개인은 자신이 모르는 것을 원하지 않으며 자기에게 소유할 힘이 있는지 획득하기가 쉬운지 알지 못하기 때문에, 그의 영혼만큼 평온하고 그의 정신만큼 한정된 것은 없다.

12*)

나는 로크의 『시민 정부론』에서, 너무도 그럴싸하게 보여 모른 체하고 지나칠 수 없는 반박을 하나 발견했다. 그 철학자는 이렇게 말하고 있다.

"수컷과 암컷 사이의 결합 목적은 단지 생식만이 아니라 종을 지속시키는 것이기에 그 결합은 생식 후에도, 적어도 새끼의 수유와 보호에 필요한 기간만큼, 다시 말해 새끼가 자기에게 필요한 것을 스스로 공급할 수 있을 때까지 지속되어야 한다. 그 규칙은 창조주의 무한한 지혜가 자신의 손으로 빚은 작품들에 대해 정한 것으로, 인간보다 하급의 피조물들은 그 규칙을 정확하고 변함없이 따르고 있음을 우리는 본다. 초식동물의 암수가 함께 사는 것은 매번의 짝짓기 행위 이상 오래 지속되지 않는다. 왜냐하면 어미의 유방만으로도 새끼가 풀을 뜯을 수 있을 때까지 먹여 살리기에 충분하기에 수컷은 새끼를 뿌리는 것에 그치고 그 뒤는 암컷이나 새끼의 생존에 자신이 전혀 기여할 수 없기에 더 이상 관여하지 않는다. 그러나 포식성 동물은 더 오래 함께 산다. 왜냐하면 어미가 획득한 먹이만으로는 자신 및 새끼들의 양식으로 충분하지 못하며, 먹이를 얻는 길이 초식하는 길보다 더 힘이 들고 위험하므로, 이런 말을 쓸 수 있을지 모르지만, 수컷의 도움이 그것들의 공동 가족의 유지에 전적으로 필요하고, 새끼는 스스로 먹이를 찾으러 나갈 수 있을 때까지는 수컷과 암컷의 보살핌에 의해서만 살아갈 수 있기 때문이다. 먹을 것이 많아 수컷이 새끼를 보살필 필요가 없는 집에서 키우는 몇몇 새를 제외하면 모든 새에 대해서도 같은 말을 할 수 있다. 우리는, 둥지 안의 새끼가 먹이를 필요로 하는 동안 그 새끼들이 날게 되어 먹이를 공급할 수 있을 때까지 어미 암컷과 수컷이 먹이를 잡아다 주는 것을 본다.

그리고 내 생각인데, 인류의 수컷과 암컷이 함께 사는 기간이 다른 피조물들보다 오래 지속될 수밖에 없는 유일한 이유는 아닐지라도 그 주요한 이유는 바로 이런 데 있다고 생각된다. 그 주요한 이유란, 여성이 임신을 할 수 있다는 것, 그리고 보통은 먼저 낳은 아이가 부모의 도움 없이는 아직 살아갈 수 없고 스스로 자신에게 필요한 것을 공급할 수 있기 한참 전에 다시 임신을 하고 새 아이를 낳는다는 것이다. 그리하여 아버지는 그가 낳은 아이들을 오랫동안 돌보지 않을 수 없기 때문에 아이를 낳아준 여성과 부부로 결합하여 지속적으로 살면서 다른 피조물보다 훨씬 더 오랫동안 그 결합을 지속시킬 의무를 갖게 된다. 반면에 다른 피조물들은 다음 새끼를 낳기 전에 먼저 태어난 새끼들이 스스로 생존할 수 있게 되면 수컷과 암컷의 관계는 저절로 끊어진다. 그리하여 그것들은 짝짓기 계절이 와 새로운 상대를 고르지 않을 수 없을 때까지 완전히 자유로운 상태가 된다. 그러기에 여기서 우리는 이런 창조주의 지혜를 아무리 찬미해도 다 할 수 없는 것이다. 즉, 인간에게 현재와 미래를 대비하는 데 적합한 자질을 부여함으로써 인간의 결합이 피조물들의 암수 결합보다 훨씬 더 지속되기를 원하여 그렇게 만든 창조주를 말이다. 그것은 남자와 여자의 솜씨를 더욱 자극하고,

아이들을 위해 식량을 비축하고 또 재산을 남겨 두려는 목적에서 그들의 이해관계가 일치되도록 하기 위해서였던 것이다. 불안정하고 불분명한 결합이나 부부 결합의 쉽고 잦은 파기보다 아이들에게 더 해로운 것은 없을 것이기 때문이다."

나에게 이 반박을 성실하게 서술하게 하기도 한 진리에 대한 사랑에서, 몇 가지 고찰을 다시 곁들이고자 한다. 이 반박을 해결하기 위해서가 아니라 적어도 그것을 명확히 하기 위해서다.

1. 나는 먼저 도덕적인 증명은 물리적인 것에 그렇게 큰 영향력을 갖지 않으며, 현존하는 사실들의 실제 존재를 확증하는 데보다는 오히려 동기를 설명하는 데 이용이 된다는 것을 지적할 것이다. 그런데 내가 방금 전에 인용한 구문에서 로크 씨가 사용하고 있는 증명이 바로 그런 것이다. 왜냐하면 남녀의 결합이 지속적인 것이 인류에게 유리할 수 있을지언정 그것이 자연에 의해 그렇게 확립되었다고는 할 수 없다. 그렇지 않으면 문명사회와 기술, 상업, 그리고 인간에게 유익하다고 주장되는 모든 것도 자연이 확립했다고 말해야 할 것이다.

2. 나는 로크 씨가 이런 사실들, 즉 포식성 동물들 사이에서 수컷과 암컷의 결합이 초식성 동물들 사이에서보다 더 지속적이라거나 새끼를 먹여 살리는 데 수컷이 암컷을 돕는다거나 하는 사실을 어디에서 발견했는지 모르겠다. 왜냐하면 개, 고양이, 곰, 이리가 말이나 양, 소, 사슴, 그리고 다른 모든 네발짐승 동물들보다 암컷을 더 잘 식별한다는 사실은 모르기 때문이다. 그 반대로, 만일 새끼들을 보호하기 위해 암컷에게 수컷의 도움이 필요하다면 그것은 무엇보다 초식성 동물의 종들에서일 것이다. 왜냐하면 어미가 풀을 뜯기 위해서는 시간이 아주 많이 필요하며, 그 시간 동안 온통 어미는 자신의 새끼를 등한시하지 않을 수 없기 때문이다. 그에 반

해 곰이나 이리의 암컷은 순식간에 먹이를 먹어치우고, 어미는 배고픔을 참지 않고도 새끼에게 젖을 먹이는 시간을 더 많이 갖기 때문이다. 이 추론은 육식동물과 열매를 먹는 동물을 구별하는 유방과 새끼와의 상대적인 수에 대한 관찰에 의해 확인되었다. 그에 대해서는 주 8*)에서 언급했다. 만일 그 관찰이 정확하고 보편적인 것이라면 여자는 유방을 두 개 가지고 있으며 아이를 한 번에 한 명밖에 낳지 않기 때문에 그것이야말로 인류가 본래 육식동물이라는 것을 의심하기 위한 또 다른 설득력 있는 이유다. 따라서 로크의 결론을 얻기 위해서는 그의 추론을 완전히 뒤집어야 할 것이다. 조류에 적용된 동일한 구별에도 마찬가지로 견고함이 없다. 왜냐하면 수컷과 암컷의 결합에 있어서 꿩과 비둘기보다 콘도르와 까마귀의 결합이 더 지속적이라고 누가 믿을 수 있을 것인가? 우리는 그 저자의 학설에 정확히 반대되는 예를 제공해 주는 것으로 인가(人家)에서 기르는 두 종의 조류, 즉 집오리와 비둘기를 볼 수 있다. 비둘기는 암놈과 함께 살면서 곡식만 먹는다. 그러면서 그것들은 둘이서 함께 새끼를 키운다. 탐식으로 유명한 집오리는 자기 암컷도 새끼도 구별하지 못하기에, 그것들의 생존에 아무 도움도 주지 않는다. 마찬가지로 육식종인 암탉들 사이에서도 수탉이 새끼를 돌보는 모습이 전혀 보이지 않는다. 만일 다른 종들에서 수컷이 새끼를 기르는 임무를 암컷과 분담하고 있다면 그것은 조류는 처음에는 날 수도 없고 또 어미가 젖을 줄 수도 없기에, 적어도 어느 정도의 시간은 어미의 젖만으로 충분한 네발짐승들보다 수컷의 도움 없이 훨씬 더 잘 살아갈 수 없기 때문이다.

3. 로크 씨가 모든 추론의 토대로 이용하는 주요한 사실에 대해서는 애매함이 많다. 왜냐하면 그가 주장하는 대로 순수한 자연 상태에서 여자가 보통 먼저 낳은 아이가 스스로 자기에게 필요한 것

을 공급할 수 있기 훨씬 전에 다시 아이를 임신하고 낳는지를 알기 위해서는 몇 가지 실험이 필요한데, 로크는 분명 실험을 하지 않았으며, 실험할 능력이 아무에게도 없기 때문이다. 남편과 아내의 지속적인 동거는 새로운 임신에 너무도 쉽게 노출된 기회이기에 순수한 자연 상태에서 우연한 만남이나 단순한 관능적 욕구 충동이 부부의 결합 상태에서 못지않게 빈번한 결과를 야기했다고 믿기는 정말 쉽지 않다. 빈번하지 않음은 아마도 아이들을 더 건강하게 만드는 데 기여할 것이며 나아가 젊었을 때 임신 능력을 덜 남용한 여인들에게는 나이가 더 들 때까지 연장됨으로써 보상을 받을 수 있을 것이다. 아이들에 대해서는, 힘과 기관이 내가 말하는 원시 상태에서보다 지금의 우리가 더 늦게 발달한다고 믿어야 할 이유가 많다. 아이들이 선조의 신체로부터 물려받은 태생적인 나약함, 사람들의 주장처럼 수족을 감싸며 운동을 막을 정도의 보살핌, 후한 분위기 속에서의 양육, 아마도 모유가 아닌 다른 젖의 사용 등이 모든 일은 아이들에게 자연의 최초의 성장을 막거나 더디게 할 것이다. 신체적인 힘의 단련을 모두 막는 반면 수많은 일에 끊임없이 주의를 붙들어 두어 불리일으키는 열의도 역시 그들의 성장에 상당한 교란을 줄 것이다. 따라서 만일 그들의 정신에 온갖 것으로 지나치게 부담을 지워 피곤하게 만드는 대신 자연이 요구하는 것 같은 끊임없는 운동을 육체가 할 수 있도록 내버려 두면 그들은 훨씬 일찍 걷거나 행동하거나 그들에게 필요한 것을 스스로 공급할 수 있으리라 생각된다.

4. 마지막으로, 로크 씨는 기껏해야 남자에게는 아내가 아이를 가지고 있을 때에만 아내 곁에 붙어 있는 동기가 존재할 수 있다는 것을 입증할 뿐이다. 그러나 아이를 낳기 전과 임신 구 개월 동안 남자가 아내 곁에 붙어 있어야 했던 사실에 대해서는 전혀 입증하

지 못한다. 만일 그러한 여자가 그 구 개월 동안 남자에게 무관심하거나 모르는 사람이 되어버리기까지 할 경우 왜 자기 아이인 줄도 모르고 출생에 대해 자기가 결정도 않고 예상도 하지 않은 아이를 키우는 데 도울 것인가? 로크 씨는 분명 문제가 되고 있는 것을 가정하고 있다. 왜냐하면 왜 남자는 분만 뒤에도 여자 곁에 머물러 있는지를 아는 게 중요한 것이 아니라, 왜 임신을 한 뒤에도 그녀 곁에 머물러 있느냐가 중요하기 때문이다. 성욕이 충족되고 나면 남자는 그런 여자를 더 이상 필요로 하지 않으며, 여자도 그런 남자를 필요로 하지 않는다. 남자는 자신의 행동의 결과에 대해 조금도 신경을 쓰지 않으며 어쩌면 아무 생각도 하지 않을 것이다. 한 사람은 이쪽으로 다른 한 사람은 저쪽으로 멀리 가버림으로써 구 개월 뒤에는 서로 알았던 기억도 남아 있을 것 같지 않다. 왜냐하면 생식 행위를 위해 한 개인이 또 다른 한 개인을 택한다는 그런 기억은, 내가 본문에서 입증하고 있는 것처럼, 여기서 문제가 되고 있는 동물 상태에서 상정할 수 있는 것 이상으로 인간 오성에 진보 아니면 타락을 요구하기 때문이다. 그러므로 한 남자가 이미 알고 있던 여자와 마찬가지로 다른 여인도 쉽게 그의 새로운 욕망을 만족시킬 수 있으며, 마찬가지로 만일 한 여자가 임신 상태 동안에도 성적 욕망에 시달리고 있다면, 이 점은 상당히 의심스럽기는 하지만, 다른 남자가 그 여자를 만족시킬 수 있다. 만일 자연 상태에서 여자가 아이를 배고 난 뒤에 사랑의 정염을 더 이상 느끼지 않는다면 남자와의 결합에 대한 장애는 그로 말미암아 훨씬 더 커지게 된다. 왜냐하면 그때 여자는 자기에게 임신을 시킨 남자뿐만 아니라 그 외의 남자도 더 이상 필요로 하지 않기 때문이다. 그러므로 남자에게는 같은 여자를 또 찾아야 할 아무런 이유가 없으며, 여자에게도 같은 남자를 또 찾아야 할 이유가 전혀 없다. 그러므로 로크의 추론은 타당성을 잃어버리는데, 그 철학자의 논리는 홉스나 그 밖의 사람들이 범한 잘못으로부터 그를 지켜주지 못하게 된다. 그들은 자연 상태, 즉 인간이 고립되어 살았으며 한 인간이 또 다른 한 인간 곁에 머물러 있어야 할 어떠한 동기도 없으며, 아마도 더욱 나쁜 것은 사람들이 서로 함께 살아야 할 어떠한 동기도 없었을 상태의 사실을 설명해야 했다. 그리고 그들은 오랜 세기 동안의 사회, 즉 인간이 서로 곁에 살아야 할 이유가 항상 있어서 한 사람이 또 다른 사람이나 여자 곁에서 살아야 할 이유가 자주 있는 그런 시대 저편으로 거슬러 올라가 볼 생각을 하지 않았던 것이다.

13*)
나는 이 언어 성립의 이익과 불이익에 대해 행해야 할 철학적 성찰에는 손을 대지 않겠다. 일반적인 오류들을 공격하는 일은 내가 할 일이 아니기 때문이다. 게다가 학식 있는 사람들은 자신의 편견에 너무도 집착해서 소위 나의 역설을 인내심을 갖고 들어줄 수 없을 것이다. 그러니 때로 다수의 의견에 반대하는 이유를 감히 지지해도 전혀 비난받지 않았던 사람들의 말이나 들어보자. "만일 사람들이 언어로부터 많은 해로운 점과 혼란스러운 점을 제거함으로써 기호와 동작과 몸짓을 통해 모든 것을 표현할 수 있는 일률적이고 유일한 기술에 숙달하려고 노력한다면 인류의 행복에는 아무것도 부족한 것이 없을 것이다. 그러나 현재 상태에서는 일반적으로 원시적이라고 부르는 짐승이 그 점에 대해서는 우리보다 훨씬 더 나은 상태에 있는 것 같다. 그것들은 그 점에서 어떠한 다른 표현 수단 없이도 인간보다, 특히 외국어를 쓸 때의 인간보다 자신의 감정과 생각을 더 신속하게, 어쩌면 더 충실하게 전달하지 않던가?" (아이작 포시우스, 『가요와 음률의 특성에 관하여』, 66쪽)

14*)

 플라톤은 불연속 양과 그것의 여러 관계에 대한 관념이 가장 보잘것없는 기술에서조차 어떻게 필요한지를 보여 주면서, 마치 아가멤논이 그때까지 자기가 다리를 몇 개 가지고 있는지를 모르고 있었던 것처럼 트로이를 포위 공격할 때 팔라메데스가 수(數)를 발명했다고 주장하는 자기 시대의 저자들을 조소하고 있는데, 그 조소는 당연한 일이다. 사실, 사람들이 수와 계산의 사용법을 몰랐다면, 사회와 기술이 트로이의 포위 공격 때의 상태에 도달하지 못했을 것이라고 느껴진다. 그러나 다른 지식을 얻기 전이더라도 수를 알아야 할 필요성이 수의 발명을 더 생각해 내기 쉽게 만들지는 않는다. 일단 수의 명칭들이 알려지면 그 의미를 설명하고 그것들이 나타내는 관념을 다양하게 재현하기는 쉽다. 그러나 그 명칭들을 발명하기 위해서는 그런 관념을 생각해 내기 전에, 이를테면 철학적인 명상에 익숙해져야 하고, 존재들을 그것들의 유일한 본질에 의해 다른 개념과는 독립적으로 고찰하는 훈련을 할 필요가 있었다. 그것은 아주 힘이 들고 아주 형이상학적이며 자연적이지 못한 추상이지만, 그렇다고 그것이 없으면 그 관념은 하나의 종에서 다른 종으로 이동하지도, 수가 보편적이 되지도 못했을 것이다. 미개인은 자기 다리가 두 개라고 생각하지 못했기에 왼쪽 다리와 오른쪽 다리를 따로따로 생각하거나 한 쌍이라는 불가분의 관념에서 바라보지도 못했다. 왜냐하면 우리에게 대상을 묘사해 보이는 표상적인 관념과 그 대상을 결정하는 수적인 관념은 다른 것이기 때문이다. 하물며 그는 다섯까지는 더더구나 세지도 못했다. 비록 한쪽 손을 다른 쪽 손에 가져다 붙여 봄으로써 손가락들이 정확히 대칭을 이룬다는 것은 알아차릴 수 있었을지라도 개수가 같다는 생각은 전혀 하지 못했을 것이다. 그는 그의 머리카락 수와 마찬가지로 손가락 개수도 셀 줄 몰랐다. 그리하여 만일 누군가가 그에게 수가 무엇인지를 이해시킨 뒤 그에게 손가락과 발가락 개수가 같다고 말해 주었다면 그는 그것들을 비교해 보고 그 말이 사실이라는 것을 알고 아마도 무척 놀랐을 것이다.

15*)

이기심(Amour propre)과 자기애(Amour de soi-même)를 혼동해서는 안 된다. 이 두 정념은 그 성질에서나 효과에서 아주 다르다. 자기애는 모든 동물로 하여금 자기 보존에 신경을 쓰게 하고, 이성에 의해 인도되고 동정심에 의해 변형되어 인간애와 미덕을 자아내게 하는 자연적인 감정이다. 이기심은 사회 속에서 생긴 상대적이고 인위적인 감정일 뿐이다. 그것은 각 개인으로 하여금 다른 모든 사람보다 자기 자신을 중시하게 하고, 사람들에게 그들이 서로에게 행하는 모든 악을 부추기기도 하지만, 명예의 진정한 원천이기도 하다.

이 점이 이해되었다면, 진정한 자연 상태인 우리의 원시 상태에서는 이기심이 존재하지 않는다고 말해도 될 것이다. 왜냐하면 개인으로서의 각 인간은 자기 자신을 자기를 관찰하는 유일한 목격자, 세상에서 자기에게 관심을 갖는 유일한 존재로 생각하기 때문에 자기 능력이 미치지 않는 비교에서 유래하는 감정이 그의 영혼에 싹트기란 불가능한 일이기 때문이다. 같은 이유에서, 그 인간은 어떤 모욕을 받았다는 생각에서나 생겨날 수 있는 정념들일 뿐인 증오나 복수욕을 가질 수는 없을 것이다. 모욕은 멸시나 유해 의도이지 악은 아니기 때문에 서로를 평가하고 비교할 줄 모르는 사람들은 그것이 자기에게 어떤 이득이 될 때에는 서로에게 모욕을 가하지 않고 폭력을 많이 행사할 수도 있다. 요컨대 각 개인은 마치 다른 종의 동물을 보듯 자기 동족을 볼 뿐이기 때문에 약자에게서 먹을 것을 약탈할 수 있고 강자에게는 자기 것을 양보할 수 있지만 그 약탈을 단순한 자연적 사건으로만 생각할 뿐 조금의 오만이나 멸시의 감정을 품지 않으며, 성공이냐 아니냐에 따른 기쁨이나 고통 이외의 정념은 아무것도 없다.

16*)

여러 해 전부터 유럽인들이 다른 지역의 미개인들을 자기들의 생활 방식으로 끌어들이기 위해 고심하고 있지만 한 건도 성공하지 못했으며 기독교조차도 어찌할 수 없었다는 것은 매우 주목할 만한 일이다. 왜냐하면 우리의 선교사들은 때로 그들을 기독교도로 만들기는 하지만 문명인으로는 절대 만들지 못하기 때문이다. 우리의 풍속을 받아들여 우리 방식으로 사는 것에 대해 그들이 갖는 깊은 혐오감을 없앨 수 있는 사람은 아무도 없다. 만일 사람들이 주장하는 것처럼 그 불쌍한 미개인들이 불행하다면 어떤 이해할 수 없는 판단력 기능의 이상에서 그들은 우리를 모방하여 문명화되거나 우리 사이에서 행복하게 사는 법을 배우기를 줄곧 거부하는 것일까? 그 반면 몇몇 프랑스인이나 유럽인이 그런 국민들 사이로 자발적으로 도피하여 그토록 기이한 생활 방식을 버릴 수 없어 남은 인생 전부 그곳에서 보냈다는 이야기를 많은 곳에서 읽으며, 또 분별 있는 선교사들조차도 자기들이 그토록 멸시받는 그 민족들 사이에서 보냈던 평화롭고 순수했던 세월을 감동하며 그리워하는 것을 보지 않는가? 만일 그들은 그들의 상태와 우리의 상태를 올바르게 판단할 만큼 지식이 없다고 누군가가 대답한다면 나는 행복에 대한 평가는 이성보다는 감정의 일이라고 반박하겠다. 게다가 그 대답은 훨씬 더 효과 있게 우리에게 역이용될 수 있다. 왜냐하면 우리의 관념과 미개인들이 그들의 생활 방식에서 발견하는 취향을 이해하기 위해 필요한 정신 상태 사이의 간격이, 미개인들의 관념과 우리의 생활 방식을 그들에게 이해시킬 수 있는 관념 사이의 간격보다 더 크기 때문이다. 실제로 몇 가지를 관찰해 보면 그들은 우리의 모든 일이 단 두 가지 목적, 즉 자기 자신의 안락과 타인들의 존경을 받는 것으로 향하고 있다는 점을 쉽게 이해한다. 그런데 미개인이 혼자 숲 속에 살면서 낚시질을 하고, 또 단 하나의 음도 낼 줄 모르면서도 음을 내는 법을 배우려 하지도 않은 채 형편없는 피리를 불면서 갖는 즐거움이 어떤 즐거움인지 우리는 상상할 수 있는가?

사람들은 여러 번 파리와 런던을 비롯한 여러 도시들로 미개인들을 데려왔다. 그러고는 열의를 다해 그들에게 우리의 사치와 부와 가장 유용하고 진기한 모든 기술을 보여 주었다. 그러나 그 모든 것은 그들에게 어리둥절한 감탄만 불러일으켰을 뿐 조금도 탐내는 감정은 불러일으키지 않았다. 나는 그중에서도 특히 삼십 년 전에 영국의 궁정으로 데리고 온 한 북아메리카인의 우두머리 이야기를 기억한다. 사람들은 그에게 마음에 드는 선물을 주기 위해 그 앞에 수많은 물건을 내보였다. 그러나 그의 관심을 끄는 것은 아무것도 없는 것 같았다. 우리의 무기는 그에게 무겁고 불편하게 보였으며, 우리의 구두는 그의 발에 상처를 냈으며, 우리의 의복은 거추장스러워 그는 그것들을 다 거절했다. 마지막으로 사람들은 그가 양털 담요를 보자 그것으로 어깨를 덮으면서 즐거워하는 것 같음을 알아차렸다. 그러자 곧 누군가가 그에게 이렇게 물었다. "적어도 이 살림 도구가 유용하다는 것은 인정하지요?" 그러자 그는 이렇게 대답했다. "예, 이것은 짐승 가죽과 거의 마찬가지로 좋은 것 같습니다." 만일 그가 비가 올 때 그것을 걸쳐보았더라면 그렇게 말하지는 않았을 것이다.

각자를 자신의 생활 방식에 매어두어 우리의 생활 방식의 좋은 점을 느끼지 못하게 하는 것은 습관 탓이라고 어쩌면 누군가 내게 말할지도 모르겠다. 그렇다면 그 습관은 유럽인들을 그들의 행복의 향유에 매어두는 것보다 미개인들을 그들의 빈곤 취향에 매어두기 위해 좀 더 많은 영향력을 가지는 것이 되는데, 이것은 적어도 매우 이상하게 보임에 틀림없다. 그러나 이 마지막 반박에 대해 한마디의 반박도 하지 못할 답변을 하기 위해, 문명화시키려 해보았자 소용이 없었던 모든 어린 미개인들을 끌어대지 않고, 또한 덴마크에서 키워보려고 했던—슬픔과 절망으로 여위어 죽었거나 아니면 헤엄을 쳐서 자기 나라로 건너가려고 시도하다 바다에 빠져 죽은—그린란드인이나 아이슬란드인들에 대해서는 언급하지 않고 나는 그저 잘 확인된 예 하나만을 대는 것에 그치고, 유럽 통치 조직의 찬미자들에게 그 검토를 맡기겠다.

"희망봉의 네덜란드 선교사들의 온갖 노력으로도 단 한 명의 호텐토트족을 개종시키지 못했다. 케이프타운의 총독 판 데르 스텔은 호텐토트족 한 명을 어린 시절부터 데려다가 기독교의 원리 및 유럽의 관습에 따라 키웠다. 옷을 화려하게 입히고 여러 언어를 가르쳤다. 그의 발전은 총독이 교육에 들인 정성에 아주 잘 보답해주었다. 총독은 그의 재능에 크게 희망을 걸고 한 감독관과 함께 그를 인도로 보냈으며, 그 감독관은 그의 재능을 동인도회사의 사무에 유용하게 사용했다. 그는 감독관이 죽자 다시 케이프타운으로 돌아왔다. 돌아온 며칠 뒤 몇몇 호텐토트족 친척들 집에 갔을 때 그는 유럽식 의복을 모두 벗어 던져버리고 양가죽을 다시 걸칠 결심을 했다. 그는 갈 때 입었던 옷을 넣은 꾸러미를 짊어지고 그 새로운 차림, 즉 양가죽 옷차림으로 돌아왔다. 그는 그 옷을 총독에게 꺼내 보이며 이렇게 말했다. '제가 이런 외관을 영원히 포기하는 것에 용서를 부탁드립니다. 저는 기독교도 영원히 포기합니다. 저는 저의 선조들의 종교와 풍속과 관습에 따라 살다가 죽기로 결심했습니다. 총독님께 단 한 가지의 은혜를 부탁드리건대, 제게 있던 이 목걸이와 단도만은 제가 갖도록 내버려 두십시오. 이것들을 총독님에 대한 사랑의 증표로 간직하겠습니다.' 그러고는 판 데르 스텔의 답변도 기다리지 않고 그는 즉시 도망쳐 사라져버렸다. 그 뒤로 케이프타운에서 그를 보았다고 하는 사람은 아무도 없었다."(『여행기』, 5권, 175쪽)

17*)

그와 같은 무질서 상태에서 사람들은 끈질기게 서로를 목 졸라 죽이는 대신, 만일 흩어지는 데에 아무런 경계가 없었다면 아마도 뿔뿔이 흩어져 버렸을 것이라며 누가 내게 반박할 수도 있을 것이다. 그러나 처음에 그 경계는 적어도 세계라는 경계였을 것이다. 그리고 만일 자연 상태의 결과로 발생한 과도한 인구를 생각해 본다면, 지구는 이 상태에서 그렇게 함께 모여서 살 수밖에 없는 사람들로 곧 뒤덮였을 것이라고 생각할 것이다. 게다가 만일 질병이 빠르게 확산되거나 하룻밤 새에 일어난 변화가 있거나 하면 그들은 흩어져 버렸을 것이다. 그러나 그들은 멍에를 지고 태어났다. 그런데 그 멍에의 무게를 느꼈을 때는 그들은 이미 그 멍에를 지는 습관이 붙어 있었다. 그리하여 그들은 그 멍에를 벗어던질 기회를 기다리는 것으로 만족할 뿐이었다. 마침내, 그들을 모여 살게 만든 수많은 편의에 이미 익숙해져서 흩어지는 일은―각자는 자기 이외의 다른 사람을 필요로 하지 않기에 타인의 동의를 기다리지 않고 스스로 결정했던―인류 초기의 시절만큼 쉽지 않았다.

18*)

빌라르 원수는 이런 이야기를 해주었다. 즉, 자신의 원정에서 한 군량업자의 지나친 사기 행위에 군인들이 힘들어하며 불만을 표시하자 원수는 그를 심하게 꾸짖고는 교수형에 처하겠다고 위협했다. 그러자 그 사기꾼은 이렇게 대담하게 대꾸했다. "그런 위협쯤엔 관심 없습니다. 십만 에퀴를 소유한 사람을 교수형에 처하지는 못할 것이라고 너무도 당연하게 저는 당신에게 말씀드릴 수 있습니다." 그러자 원수는 이렇게 순진하게 다시 말하는 것이었다. "어떻게 그럴 수 있는지 모르겠군." 그러나 실제로 그는 백번을 교수형에 처해도 모자랐지만 끝내 교수형에 처해지지 않았다.

19*)

분배 정의는 문명사회에서는 실행이 가능하다 할지라도 자연 상태의 엄정한 평등에는 대립하기까지 할 것이다. 그리고 국가의 모든 구성원은 국가에 자신의 재능과 능력에 따라 봉사해야 하기 때문에 시민들도 자신의 봉사에 비례하여 구별되고 대우받아야 한다. 이소크라테스(Isokrates)의 문구도 바로 이런 의미에서 이해해야 한다. 그는 여기에서 초기 아테네인들의 다음 두 가지 종류의 평등, 즉 모든 시민에게 일률적으로 동일한 이익을 분배하는 평등과 각자의 자질에 따라 이익을 분배하는 평등 중 어느 쪽이 더 유리한지를 잘 구분할 수 있었다고 칭찬하고 있다. 그 웅변가는 다시 이렇게 덧붙인다. "유능한 정치가들은 악인과 선인 사이에 아무 구별도 하지 않는 그런 불공정한 평등을 몰아내고 각자를 그의 자질에 따라 보상하거나 벌을 주는 평등에 단호하게 신경을 썼다." 그러나 사회가 어느 정도의 부패에 이르렀을 때에는 반드시 악인과 선인을 구별했다. 그리고 행정관에게 규칙으로 이용될 만큼 법이 정확한 척도를 정할 수 없는 풍속의 문제에서는, 시민들의 운명과 지위를 행정관의 처분대로 맡겨 두지 않기 위해 법이 행정관에게 인격에 대한 판결을 금지하고 대신 행위의 판결만 맡겼던 것은 아주 현명한 처사다. 고대 로마의 풍속 말고는 풍기 단속 감찰관을 견뎌낼 수 있을 만큼 순수한 풍속은 없다. 그리하여 그와 같은 법정이 있었다면 우리 사이의 모든 것을 즉각 변화시켜 버렸을 것이다. 공중의 평가에 의해 악인과 선인은 구별되어야 한다. 행정관은 엄정한 법의 판결자일 뿐이다. 그러나 신민은 풍속의 진정한 판단자다. 그 판단자는 그 점에 대해 공정하고 교양이 있기까지 한 판단자로, 때로 속기는 하지만 절대로 매수당하지는 않는다. 그러므로 시민의 지위는 그들의 개인적인 자질에 따라서 정해질 일이 아니라(그럴 경우 법의 자의적인 적용 수단을 행정관에게 맡기는 일이 될 것이다.), 국가에 행하는, 그리하여 보다 더 정확한 평가를 받을 수 있는 현실적인 봉사에 기초하여 정해져야 한다.

옮긴이 주

1) 제네바 공화국을 이끌어가는 25인으로 구성된 기관(le Conseil, 또는 le Petit Conseil)으로, 실제적인 정부 구실을 했다. 참고로 시민 전체로 구성된 기관은 총회(le Conseil général)다. 따라서 루소는 이 헌사를 총회에 바치고 있다. 루소는 후에『산에서 쓴 편지들』에서 이 기관 위원들의 월권행위와 권력 남용을 비판하고 있다. 이 헌사를 쓸 당시(1754년 6월) 루소는 제네바 교회에서 다시 신교로 복귀한 뒤 제네바 시민권을 되찾은 상태였다.
2) 1724년 그가 사법서사 마스롱 집에서 수습 서기로 일하던 때, 즉 처음으로 직장을 가져 사회생활을 시작한 때부터를 일컫는다.
3) 루소의 정치적 이상은 무조건적인 평등이 아니다. 자연적 평등과 개인들 사이의 불평등이 적절히 결합되는 것이다.
4) 루소는 '서로 알고 지낼 수 있는' 규모의 사회야말로 참된 민주주의가 행해질 수 있는 사회로 보았다. 하지만 그런 사회가 존재할 수 있는지는 미지수다.
5) 로마교황을 가리킨다.
6) 로마의 전설적인 왕가로 전제정치를 확립하고 공포정치를 폈다.
7) 루소는 타락과 폭정과 예속 상태를 회복할 수 없는 악이라고 규정했다.
8) 시계공이었던 아버지 이자크 루소를 가리킨다.
9) 제네바 공화국을 구성하고 있던 네 계급, 즉 시민(citoyen)·부르주아(bourgeois)·주민(habitant)·하급 원주민(natif) 가운데 하나로, 노동의 권리만 가지고 있었으며 참정권은 주어지지 않았다. 루소는 시민계급 가운데서도 하급 시민(citoyen du bas)에 속해 있었다.
10) 바로 뒤에 이어지는 설명에서 보듯이 신의 왕국의 행정관들, 이를테면 목사들을 가리킨다. 루소는『사회계약론』(「시민의 종교」장)에서 기독교와 애국심은 양립하기 어렵다는 언급을 하고 있다. 하지만 뒤이은 구문에서 보듯 제네바 목사들은 예외로 하고 있다.
11) 당시 훌륭한 설교 기술은 목사들에 의해서뿐만 아니라 평신도들에 의해서도

계발되었다고 한다.
12) 1559년에 장 칼뱅에 의해 설립된 아카데미를 말한다.
13) 18세기 중반부터 유럽에서는 이 '애국자'라는 말의 사용이 빈번해진다.
14) 소크라테스의 "너 자신을 알라!"라는 말을 가리킨다.
15) 원래 보이오티아의 어부였으며 마법의 약초를 먹고 바다로 뛰어들어 신으로 변신했다. 예언할 수 있는 능력을 부여받았다. 플라톤의 『국가』 10권에서, 흉하게 변해 버린 글라우코스의 상을 통해 인간의 영혼이 육체와 결합함으로써 영혼이 지닌 본래의 불멸의 본성이 알아볼 수 없을 정도로 변해 버린 것을 비유하고 있다.
16) '인간 본성(nature humaine)'이라는 표현 대신, 이 표현을 사용한 것은 타고 났기에 변하지 않는 인간 속의 그 본성에 비해 변하기 쉬운 부분을 가리키기 위한 것이다. '인간 구조(constitution humaine)'라는 말에는 인간의 심신이 모두 포함된다.
17) 루소가 정의한, 또는 가정한 인류의 자연 상태를 가리킨다. 『크리스토프 드 보몽에게 보낸 편지』에서 루소는 이렇게 적고 있다. "그런 기간은 존재하지 않는다고 말씀하시겠지요. 좋습니다. 하지만 가정으로는 존재할 수 있습니다."
18) 기원들에 관한 이와 같은 실험적 재구성 관념은 18세기에 이미 통용되었었다.
19) 로마 시대의 학자이자 작가로, 19세기 라틴학자들에 의해 고대 로마의 가장 위대한 문학적 기념비로 평가된 『박물지』가 있다.
20) 18세기 제네바 아카데미 교수(1694~1748). 저서로 『자연법의 원리』(1747)가 있다.
21) 아리스토텔레스, 스토아학파 철학자들을 가리킨다.
22) 3세기경의 로마 법학자인 파피아누스와 울피아누스 등을 말한다.
23) 근대 국제법에 큰 영향을 끼친 16세기의 휘호 흐로티위스, 『자연법하에서의 인간의 의무』 등의 저자인 17세기의 사무엘 푸펜도르프 같은 철학자들을 가리킨다.
24) 디종 아카데미가 제시한 논문의 제목 후반부, 즉 "불평등은 자연법에 의해 허용되는가."라는 질문은 잘못된 것임을 지적하고 있다. 그러므로 인간론을 확립하는 것으로부터 시작할 필요가 있다.
25) 자기애(amour de soi)와 동정심(pitié)을 가리킨다. 이 두 원리는 자연적인 도덕의 토대가 되는 감성의 본능적인 움직임으로, 루소는 이 글 1부에서 이 주제

26) 동물의 생명에 대한 존중 표현은 고대 저자들의 글에도 많이 나타난다. 미셸 몽테뉴는 『수상록』(2권 11장 「잔인성에 관하여」)에서 "인간은 생명과 감정이 있는 동물뿐 아니라 나무와 식물에게까지 보편적인 의무와 어떤 존중을 가져야 한다."라고 말하고 있다.
27) 정치 집단이라는 말로 국민 또는 국가를 의미한다. 자연적 집단과 구별된다.
28) 페르시우스, 『풍자시』, 3부 71~73행.
29) 『전쟁과 평화의 법』(서론, IX)의 저자 흐로티위스를 가리킨다.
30) 『자연과 인간의 법』(1권 4부 4장)의 저자 푸펜도르프와 『속 시민정부론』(2장 「자연 상태에 관하여」)의 저자 존 로크를 가리킨다.
31) 『시민론』(1부 14장)의 저자 토머스 홉스를 가리킨다.
32) 자연 상태 속의 인간을 말한다.
33) 『지구 이론』의 저자 조르주 루이 뷔퐁, 『우주 생성론 시론』의 저자 피에르 모페르튀이 등을 가리킨다.
34) 아리스토텔레스가 철학을 가르치던 학원을 가리킨다.
35) 그리스의 철학자(기원전 396?~기원전 314?). 플라톤의 제자로, 루소는 그를 절제의 본보기로 생각한다.
36) 인류의 황금기를 암시하고 있다. 루소는, 아마 존재하지도 않았을 최초의 자연 상태의 시기가 아닌, 소유 제도가 생기기 이전 막 사회가 시작되던 '순수와 평등'의 시기를 인류의 황금기로 생각한다.
37) 스파르타에서는 아이가 불구로 태어나면 곧장 사회로부터 버림을 받았다.
38) 문명인은 도구에 의존하는 동물이다. 루소는 『에밀』에서도 "인간은 자기 주변에서 도구와 기계를 그러모은 덕택으로 자기 자신에게서는 그것들을 얻지 못한다."라고 비판한다.
39) 『시민론』, 1부 4장과 『리바이어던』, 1부 13장 참조. 홉스에게는 만인의 만인에 대한 투쟁이 곧 자연적 평등의 모습이다.
40) 샤를 몽테스키외를 가리킨다. 『법의 정신』, 1부 1편 2장.
41) 그의 저서 『자연법』(1672)에서 홉스를 반박한다. 1장 32절 참조.
42) 그의 저서 『자연과 인간의 법』, 1부 1편 2, 3장 참조.
43) 인류의 황금기 때, 고통도 불안도 느끼지 않고 자신도 모르게 맞이하는, 마치 달콤한 잠에 빠지듯 사라져가는 행복한 죽음을 묘사하고 있다.

44) 많은 논란을 불러일으키는 말이다. 문명인은 숙고를 통해 많은 욕구를 만들어 내어 자연인의 건강과 행복을 잃고 악덕과 결합하여 타락했다는 점을 지적하고 있다.
45) 『국가』, 3편 참조.
46) 그리스신화에 나오는 의술의 신 아스클레피오스의 아들들. 아버지의 의술을 배워 트로이전쟁에 참여했다.
47) 루소가 만든 신조어로 여겨지고 있다. 루소에 의하면, 인간의 잠재 능력인 이 개선 가능성이 자유와 함께 인류의 진화를 가능케 했다. 개선 가능성이라는 말은 이후 인류의 진보 이론의 전개에 큰 기여를 했다.
48) 인간의 잠재 능력인 개선 가능성의 양면성을 지적하고 있다.
49) 베네수엘라에 있는 강 연안의 주민에 관한 이야기로, 루소는 프랑수아 코레알의 여행기인 『서인도 여행기』(1722), 1권, 260~261쪽을 참고하고 있다.
50) '필요(besoin)'라는 최초의 관념에 기초하여 지적 능력과 정념의 상호 의존을 주장하는 것은 루소의 독창적인 사고다.
51) 이 글의 주석으로 사용하려 했던 언어 기원에 관한 글은 후에 『언어 기원에 관한 시론』(1761)으로 완성한다. 에티엔 보노 드 콩디야크, 드니 디드로, 모페르튀이, 안 로베르 자크 튀르고 등 18세기 여러 사상가들도 이 주제를 다루었다. 루소는 자신의 이론 전개 자료를 콩디야크의 『인간 인식의 기원에 관한 시론』(1746)에서 가져오고 있다.
52) 불만스럽거나 울거나 요구할 때 자연스럽게 외치는 소리를 말한다.
53) 그리스어의 동사 시제로, 명확한 시점을 밝히지 않는 과거를 말한다.
54) 접사나 전치사, 접속사, 그리고 부정의 부사를 가리킨다.
55) 유스티누스, 『역사』, 2권 2장.
56) 바로 뒤에 나오는 『꿀벌의 우화』의 저자 버나드 맨더빌을 가리킨다.
57) 영국의 의사이자 사상가인 맨더빌을 가리킨다. 그의 주저인 이 책에서 그는 문명국가의 공공의 번영은 개인들의 악덕의 결과라고 주장하면서 공공의 번영과 개인의 미덕은 양립할 수 없다는 이론을 폈다.
58) 「마태복음」, 7장 12절, 「누가복음」, 6장 31절.
59) 홉스의 생각과는 반대되는 자연인의 상태를 암시한다.
60) 뷔퐁도 1749년부터 집필한 그의 『박물지』(7권, 「동물의 본성론」)에서 이렇게 말하고 있다. "인간의 열정에서 육체적인 것과 정신적인 것을 구분하자."

61) 루소는 양성의 자연적인 불평등을 인정하고 있다.
62) 사상이나 (심신의) 능력의 발생에 대해 시간을 크게 고려하지 않고 사색하는 로크와는 달리, 루소는 시간에 중요한 역할을 부여한다.
63) 자연인은 무매개성(immédiateté) 속에서 살았는데, 장애를 극복하기 위해 자신의 잠재 능력을 발휘한다. 그는 도구를 발명하며, 동시에 성찰을 할 수 있게 되고 이성의 매개력(pouvoirs médiateurs)을 발견한다. 이후로 인간은 자연과 자기 자신 사이에 매개적인 관계만을 맺는다.
64) 혼자 사는 미개인과 어린아이에게 고유한 '자연적인 정념'인 이 안락에 대한 애착은 루소에게는 자기애와 동의어다. 이 안락에 대한 애착에 의해 개체는 자기 보존에 신경을 쓴다.
65) 욕구의 증대가 야기하는 해로운 결과를 지적하고 있다. 이 생각의 주요 출처 중의 하나는 플라톤의 『국가』이며, 『에밀』에서는 주요하게 언급되고 있다.
66) 『언어 기원에 관한 시론』, 9장에서도 루소는 같은 견해를 피력하고 있다.
67) 『인간 오성에 관한 시론』, 4편 3장 18절.
68) '사회가 시작되었을 때'에는 비록 선호와 자랑하기 위한 경쟁이 도입되었지만 아직 평등이 깨지지는 않았다. 땅은 아직 분할되지 않았으며 노동은 혐오스러운 것이 아니었다.
69) 디드로는 『백과전서』의 '농업' 항목에서 농업이 소유의 기원이라고 주장한다.
70) 로마 신화에서 곡물의 여신이다. 그리스 신화의 데메테르와 동일시된다.
71) 그리스 신화 속 농업의 여신 데메테르 테스모포로스를 기념하는 고대 축제를 가리킨다. 테스모포로스는 그리스어로 '입법자'라는 뜻이며, 그 여신이 최초로 법을 만들어주었기 때문이다.
72) 지금까지 보았듯이, 주로 경제적인 원인에서 유래한 불평등을 가리킨다.
73) 화폐, 귀금속 등의 사치품을 일컫는다.
74) 홉스의 '만인의 만인에 대한 투쟁'에 동의하고 있다. 물론 이 '전쟁(투쟁)'은 인간 본성의 표현이 아니라 소유의 결과다. 이를테면 인간과 세계 사이에 정립된 인위적인 관계 재개의 결과인 것이다. 평등이 깨진 직후의 무질서한 상황을 묘사한 것으로, 아직 문명사회가 태어나지 않은 단계다.
75) 오비디우스, 『변신 이야기』, 11권 127행.
76) 기원전 7세기경 스파르타의 전설적인 입법자. 오랜 세월 혼란의 와중에 있었던 스파르타에 국가제도 전반을 확립하여 사회질서를 회복하는 데 성공했다.

77) 장 드 라퐁텐의 『우화』, 6권 8장 「노인과 당나귀」에 나오는 내용에서 암시를 받고 있다. "우리의 적은 바로 우리의 주인이다."라는 말이 나오는데, 자유를 보호해 줄 것으로 믿는 통치자가 오히려 자유를 빼앗을 수 있음을 암시한다.
78) 로마 제국 전성기인 트라야누스 황제 시대의 행정관. 본문 인용은 플리니우스, 『트라야누스의 송사』 55. 7. 참조. 홉스의 주권론 이론에 대한 반론을 펴기 위해 인용했다.
79) 기원전 5세기 펠로폰네소스 전쟁 가운데 초기 십 년 동안의 전쟁인 아르키다모스 전쟁에서 뛰어난 활약을 했던 스파르타의 장군.
80) 고대 페르시아 아케메네스 왕조의 화려한 수도였다.
81) 타키투스, 『역사』, 1권 4부 12장.
82) 「에스파냐 왕국의 여러 주에 대한 기독교도 여왕의 여러 권리에 관한 협정」.
83) 이에 대한 연구는 『사회계약론』에서 자세히 행해진다.
84) 『사회계약론』, 3부 3장 참조.
85) 그의 어떤 작업을 가리키는지 확실하지가 않다.
86) 루카누스, 『파르살리아』, 1편 376행.
87) 타키투스, 『역사』, 1권 21장.
88) 기원전 3세기에 활동한 그리스의 견유학파 철학자(B.C. 412?~B.C. 323?). 부나 권력 등 세속적인 행복을 경멸했다. 대낮에 등불을 들고 참된 인간을 찾아 아테네의 거리를 돌아다녔다고 전해진다.
89) 고대 로마 시대의 정치가(B.C. 95~B.C. 46). 원칙주의자로서 폼페이우스, 카이사르, 크라수스가 결성한 삼두정치에 반대했다. 공화정을 보전하는 유일한 길이 폼페이우스를 지지하는 길임을 깨닫고 카이사르에 대항해 싸웠으나 패배하자 자살했다. 루카누스는 『내전』에서 그를 덕인의 모범으로 그리고 있으며, 키케로도 『카토』에서 그를 찬양하고 있다.
90) 스토아 철학에서 마음, 또는 정신의 평정(平靜)을 가리킨다.
91) "만일 스스로 만족한다면 자기가 원하는 것을 하는 사람이면 누구나 행복하다. 자연 상태에서 사는 인간의 경우가 바로 그러하다. 욕망이 자신의 능력을 벗어날 경우 자기가 원하는 것을 하는 사람이라도 누구든 행복하지 않다." (『에밀』, 4권, 310쪽)

장 자크 루소
JEAN-JACQUES ROUSSEAU

 1712년 스위스 제네바에서 태어났다. 태어나자마자 어머니를 여의고, 10세 때에는 아버지와도 헤어져 제네바 근처 보세에 있는 랑베르시에 목사 집에 기숙 학생으로 들어갔다. 1728년 제네바를 떠나 그때부터 유럽을 떠돌며 방랑 생활을 시작했다. 이탈리아 토리노에서 가톨릭으로 개종하고, 하인, 비서, 음악 개인 교사, 가정교사 등으로 일하면서 스위스와 프랑스 등지 여러 곳을 돌아다녔다. 1732년부터 8년 동안 샹베리 샤르메트 계곡의 바랑 부인의 집에서 함께 체류하였는데, 후에 루소는 『고백록』에서 이곳을 목가적인 이상향으로 묘사한다. 1745년 파리에서 디드로와 콩디야크를 만나고, 『백과전서』의 음악에 관한 항목 집필을 의뢰받는다. 그러는 동안, 하녀인 테레즈 르바쇠르와 알게 되어 다섯 아이의 아버지가 되지만, 아이들을 모두 고아원에 버린다. 1750년대에 루소는 볼테르와 디드로와의 관계가 단절되는데, 이는 루소의 저작들이 품은 급진적인 사상 때문이었다. 루소는 『학문 예술론』(1751)과 『인간 불평등 기원론』(1755)에서 어떻게 문명의 진보가 선한 본성을 타락시키고 인간들 사이에 불평등을 일으켰는가를 보여 주었고, 문명화된 사회를 비판한 「달랑베르에게 보낸 연극에 관한 편지」(1758)에서 옛 친구들인 백과전서파를 공격했다. 1757년, 루소는 몽모랑시로 이주하여 5년 동안 수많은 저서들을 집필하며 정신적으로 풍요로운 시기를 보냈다. 소설 『신엘로이즈』(1761)가 런던과 파리에서 출판되어 크게 성공을 거두었는데, 이는 다음 해 출간된 『에밀』과 함께 국가 권력과 사회의 압력에 반대하여 개인적 이상의 신성불가침을 환기하는 것이었다. 그러나 이신론 사상이 드러나는 『에밀』의 '사부아 보좌신부의 신앙고백' 부분의 철회를 요구받는 등 사상적으로 탄압을 받았다. 그의 정치사상의 최고의 결실인 『사회계약론』은 1762년에 출간되었고, 그해에 스위스에서 추방되어 영국으로 망명했지만, 데이비드 흄의 적이 되어 다시 돌아온다. 1770년 자서전 『고백록』을 완성했고, 1772년 '루소가 장 자크를 재판하다'로 개칭된 『대화록』을 집필했다. 1776년 『고독한 산책자의 몽상』을 쓰기 시작했으나 미완으로 남았다. 1778년 심한 두통에 시달리다 세상을 떠났다. 1794년에 팡테옹으로 이장되었다.

옮긴이 김중현

한국외대 불어과와 동 대학원을 졸업했으며, 프랑스 낭시 2 대학에서 불문학 박사 학위를 받았다. 현재 건국대 인문과학연구소 연구교수로 재직 중이다. 지은 책으로 『발자크—작가와 작품세계』, 『발자크 연구』 등이, 옮긴 책으로 『전원 교향악』, 『사회계약론』, 『에밀』, 『고독한 산책자의 몽상』 등이 있다.

READ MORE IN PENGUIN

니콜라이 고골
『고골 단편집』

"단추, 은수저, 시계 같은 것들을 잃어버리면 모를까,
코를 어떻게 잃어버린단 말인가?
게다가 자기 집 안방에서!"

러시아 사실주의 문학의 창시자 니콜라이 고골은 관료주의 사회의 타락과 부패를 신랄하게 풍자하고 묘사함으로써 이후 러시아 문학에 커다란 영향을 끼쳤다. 이 책은 그의 가장 중요하고 사랑받는 단편을 골라, 고골 문학의 정수를 담았다. 「코」는 사물에 생명을 부여하는 의인화 기법을 사용하여 직급에 대한 지나친 애정을 풍자하고 있다. 고골 최고의 걸작이라 일컫는 「외투」는 '작은 인간'이라는 전형적인 인물을 창조해 낸 작품이다. 철저한 관료 사회에서 괴롭힘과 강요, 위협을 당하는 사람의 외로움과 인정받고 싶어 하는 인간의 보편적 욕구를 그렸다. 「광인일기」는 더 높은 지위에 오르고자 하는 인간의 무한한 욕망을 통렬하게 드러낸 작품이다.

READ MORE IN PENGUIN

조르주 페렉

『사물들』

> 제멋대로 흐르게 놔둔 시큰둥한 성향이
> 어디로 자신들을 이끌지 그들은 몰랐다.
> 그저 흐르는 시간이 대신 선택해 주었다.

20세기 프랑스 문단의 천재 악동으로 꼽히는 조르주 페렉의 『사물들』은 스물을 갓 넘은 실비와 제롬이 사회에 진입하기까지의 과정을 그린 소설이다. 1960년대 프랑스 사회에 대한 사회학적 보고서라고 할 수 있을 정도로 당시의 사회상을 압축적으로 묘사하는 한편, 도시적 감수성을 절제된 언어로 표현한 수작으로 평가받는다. 클래식의 전통을 이으면서도 지극히 현대적이며, 소설적 재미를 잃지 않는 감각적인 글쓰기는 오직 페렉에게서만 찾아볼 수 있는 매력이다.

> 부유함을 갈망하는 청춘들의 빈곤을 진정 아름답게 그린 작품
> _ 롤랑 바르트